映画よさようなら

Sasaki Atsushi
佐々木敦

FILM ART
フィルムアート社

映画よさようなら　目次

第1部
歴史／映画史　25

第2部

受容／メディア

・映画は初出時のみ続く（　）内に製作年を記した。
・小説、戯曲は初出時のみ続く（　）内に発表年を記した。
・長編映画、書籍、長編小説、テレビアニメ、雑誌は『　』で、短編映画、短編小説は「　」で示した。

プロローグ

さようなら、映画よ

映画の果てへ

映画よさようなら。本書の題名にこんないかにも意味ありげなフレーズを選んだ理由はひとつではない。

タイトルを思いついたきっかけは、ふたつある。

ひとつ目は、一九七二年に刊行された森山大道の写真集『写真よさようなら』である。英語題名は『Farewell Photography』。中平卓馬、多木浩二、高梨豊、岡田隆彦らによって一九六八年に創刊された写真同人誌「プロヴォーク」に第二号から参加した森山が、同誌を主戦場に発表したいわゆる「アレ・ブレ・ボケ」写真の集大成というべき一冊。森山は自らこう述べている。「写真というものを、果ての果てまで連れて行って無化したかったのだ……」。

これにそのまま倣えば、映画というものを、果ての果てまで連れて行って無化したかったのだ……となる。写真に対してそうしようとしたのは森山大道というひとりの写真家だったが、映画にさようならを告げようとしているのは、必ずしも特定の誰かということではない（のかもしれない）。もちろん私でもない（たぶん）。もっともしっくりくる言い方をするならば、映画を「果て」まで導いて「無化」しようとしているのは映画自身ということになるだろう。

いずれにせよ『写真よさようなら』という題名の写真集というあからさまに倒錯した発想は、写真を映画に変換するという捻れたかたちで本書の根幹を成している。

ふたつ目は、ジャン＝リュック・ゴダールが二〇一四年に発表した長編映画『さらば、愛の言葉よ』。原題は『Adieu au Langage』。私はこの奇妙で美しい「3D映画」について長い長い論考を書いたことがある（「ジャン＝リュック・ゴダール、3、2、1、」、『ゴダール原論』所収）。ゴダールは「言語」にアデューと言ったのだが、この稀代の映画作家がデビューから現在に至るまでずっと「映画」との別れ、シネマの終焉の光景に立ち会うようにして映画を撮り続けたことは確かだと思われる。「さらば、映画よ」。ゴダールの全ての映画はこの題名であってもいい。日本題名には「愛」という曖昧な語が加えられていていささか閉口するが、だがこれも「さらば、映画愛よ」と言い換えてみれば俄かに意味を帯びてくるように思える。

『写真よさようなら』と『さらば、愛の言葉よ』を「映画」に置き換えることで、本書の題名は誕生した。そこには森山大道が若き日の或る一時期に「写真なるもの」に対して抱いていた直観と認識を「映画」に置き換えてみたときに立ち現れるもの、ジャン＝リュック・ゴダールが彼の人生そのものとしてわれわれに提示した「映画なるもの」への思考と感情が、私というたまたまの個体を通して、いくぶんか、いやかなり変形したありようで込められている。

さらばとかさようならなどというとどうしても惜別の感が滲むようだが、ここにあるのは感傷とは別の何かである。諦念には少し似ているかもしれないが、やはり違う。繰り返すが、映画にさようならを告げているのは映画自身なのだから。

別れの声に耳を傾けて

映画は十九世紀の終わりに発明された。二十世紀という百年間を経過し、二十一世紀が五分の一以上過ぎた現在、人類の最長寿年齢（ジャンヌ・カルマン、百二十二歳）をわずかに超えている。映画はひとりの人間よりは長生きした。だがほんとうにそうなのか、という問いがいわば本書の主題である。

これはまず誰もが知ることとして、技術（論）的な側面において、またメディア（論）的な側面において、映画はこの百数十年ほどのあいだに多くの大掛かりな変化を蒙《こうむ》ってきた。ごく一般的な常識として、こんにちの映画の大半はもはやフィルム（アナログ）では撮影・編集・上映されていない。映画はデジタルカメラで記録され、デジタル編集され、ＤＣＰ（デジタル・シネマ・パッケージ）で上映されている。フィルムの映写機を備えた映画館や上映施設は今や特殊な存在である。

写真と同じく一旦露光してしまったら再利用が出来ないフィルムという素材のみを用いて一本の長編映画を撮り上げることは、現在の状況／条件下では一部の特権的な映画監督にのみ許された紛れもない贅沢である。やろうと思えばそれが可能だからといって誰もがフィルムで撮（ろうとす）るわけではない。それは「敢えてフィルムの映画を造る」という意識と意志なくしてはあり得ない。そのような意志や意識を持っているからといって、それがそのまま可能になるわけでもない。

一方でIMAXのような高解像度のフィルム・フォーマットもあり、3D、4D、4DX、あるいはVRなど、映画鑑賞のヴァリエーションはかつてないほどの多様さを見せてもいる。それは今後も広がってゆくことだろう。体験としての、体感としての、スペクタクルとしての、広義の映画館（シアター）で観る映画、それはすでにして二十世紀のそれとはよくも悪くも違ってしまっている。

シアターに限定しなければその可能態はより拡散している。デスクトップ・パソコン、タブレット、スマートフォン、Google Glassのようなヘッドマウント・ディスプレイなど、更なる進化へのプロセスを複数潜在させながら、映画を観るという行為のあり方はやはり前世紀には想像もしていなかったほど多様になっている。まったく同じ一本の映画であったとしても、シアターで観るのとタブレットで観るのとスマホで観るのはまったくと言っていいほど体験が異なってくる。それらを「同じ」映画と言っていいのかどうかさえ危ぶまれるほどに。

これらのことと相即《そうさく》して、言葉遊びをするのではないが、現在、映画と映像と動画の区別は、制度的／慣習的につけようとすればつけられはするものの、実態としては各々の臨界が曖昧に溶け合ってしまっている。

映画とテレビという対立軸は今も機能しているように見えるが、テレビと呼ばれてきたものもドラスティックに変化している。テレビドラマは記録や配信といった新たな方法によって特定の時間と空間に拘束されていた時代から脱し、ブロードキャストは技術的発展とともに多様化し、それはインターネットによってきわまり、この先にもまだ色々な変化が訪れることだろう。

各種SNSや動画サイト、NetflixやAmazonプライムビデオ、Huluなどといったグローバルな動画配信サービス、そこで観ることが出来るのは動画なのか映像なのか、それとも映画なのか。

ひとつ言えることは――これはあくまでも私個人の印象だが――確かに一部の映画において、何らかの意味で非＝映画的と言えるような映像や動画の要素を取り込もうとする傾向はあるが、それとパラレルに、むしろ映像や動画のほうに映画的な何かが侵食しているようにも見えるということである。配信ベースの作品をコンペティションの候補にする国際映画祭も増えている。シアターに掛けられる／観られるかどうかは、シネマであるかどうかの必須条件ではもはやない。

だがもちろん、たとえば特定のアプリでしか観られない作品を動画でも映像でもなく「映画」だと思うとき、そう思える条件とはいったい何なのか？　すなわち映画が映画であるとは、要するにどういうことなのか？　よくわからなくなってくる。もしかしたら、いやおそらく間違いなく、こうした場合の「映画」とは単なる思い込みでしかないのかもしれない。そう考えたほうが話は簡単なのかもしれない。つまり映画はもうほんとうはとっくに「映画」ではなくなっており、ただ私たちは「かつて映画であったもの」の記憶（？）をそこに見出（そうと）しているだけなのだ、と。

しかしそれでもやはり、まだ私たちは「映画」という言葉を手放してはおらず、それはシアターで観る映画がまだ存在しているからという理由だけではない。たとえ「今映画と呼んでいるもの」が実は「かつて映画であったもの」なのだとしても、それの何が困るのか、それで何がいけないのか、そうなのだとして、ならばそれはどういうことなのかを考えてみるほうが、多少は有益なのではないだろうか。

映画が映画にさようならを告げているのだとして、その「さようなら」をパラフレーズしていくことに、何かの意味があるのかもしれない。別れの声の音調や響きに耳を澄ますこと。そこにある複雑さや豊かさを聴き取ろうとすること。

歴史、受容、倫理

映画よ、さようなら。フェアウェル。アデュー。さしあたり三つほどの問題系を示しておきたい。まず「歴史」。これはいわゆる「映画史」のことであり、映画史が丸ごと含まれる「現代史」のことでもあり、映画が物語ってきたより広範で遠大であり得る「(大文字の) 歴史」のことでもある。

今の言い方を裏返すなら、映画は歴史を扱えるし、二十一世紀は映画史に丸ごと含まれており、映画史は起源を (どこに置くのかは諸説あるにせよ) 有している。映画以前にも歴史はあった。映画がなかった時代も映画は描くことが出来る。だがそれはフィクションに限ってであって、いわゆるドキュメンタリー映画は、映画が誕生して以後の現在しか記録することは出来ない。

歴史の終わりという言い草はレトリックでしかない。だが同時に、これもクリシェだがフランス語で「Histoire」が「歴史」と「物語」の両方を意味するということで言えば、歴史とは基本的に過去の時間を指しており、過去すなわちすでに過ぎ去ったことしか物語ることは出来ない。語り始められるのはいつもそれが終わってからだ。たとえ同時進行を装ったとしても、出来事はもう終わってしまっている。

映画史とは、かつて撮られた（観られた）無数の映画の集積であり連鎖である。それらを繋ぎ合わせて何らかの意味を見出す／持たせると、歴史は物語になる。かつて起こった出来事の総体は単なる過去であって歴史ではない。物語ではない歴史は存在しない。だから映画史もまた一種の（複数の）物語なのであって、そこには排除と選別のメカニズムが働いている。その機構を駆動し制御しているのが何ものであるのかにも問題が色々とある。

もっと話を絞り込んでみよう。複数の、共有する部分はありつつそれぞれ少しずつ、あるいは大きく異なってもいる物語としての映画史が大小だか長短だか色々とあって、かつてはそのような映画史、或る種の映画史が、誰かが映画を新たに撮ろうとする際に、ポジティヴであれネガティヴであれ、何らかの意味で前提とされる、ということがよくあった。自分ではない誰かの映画を観たから、誰かの映画をあまりにも多く観たがゆえに、自分の映画を撮りたいと願うことになった者たちが、おそらく今よりも大勢存在していた。

観ることが可能な映画の数はますます増えているはずだが、映画史を踏まえて（踏まえ方もさまざまだが）映画を撮ろうとする者は、むしろ減少していると思えるし、それの何がいけないわけでもない。映画史の参照や敬慕は、基本的にはもともとそうであったとはいえ、今ではますます特殊な嗜《たしな》みになっているように見える。

それは観客の側もそうであって、映画史はどうしたって一種の教養（嫌な言葉だ）なので、そこには知識や情報という側面があり、それらを共有していなければいかなる固有名詞も発動せず、映画史はないのと同然になる。そのことを嘆くのは簡単だが、嘆けば何かが快復されるわけではない。

ことは映画に限らないが、私見ではこの問題はもうだいぶ前に不可逆的なポイントを過ぎてしまっており、それこそ教養としてそれを摂取し学習する動機やインセンティヴがなければ、もう誰も映画史を顧《かえり》みようとはしないし、それで一向に構わない。つまり、惑る意味で映画史はもう存在していないのだ。この端的な事実をどう捉えるのか。悲観論も処方箋もないのだとして、映画史の終焉を映画の問題として考えるとは、どういうことなのか？

次に「受容」。これは最初のほうで述べた映画制作、映画鑑賞の多様化と変化のことだが、そこには当然ながら「歴史」もかかわってくる。要はこんにち、映画を観るとは、どのような営みなのかを問い直すことになるからだ。最近の話題として、いわゆる「ファスト映画」問題が挙げられる（稲田豊史『映画を早送りで観る人たち』など）。私は映画を早送りで観たって別に構わないと思っているし、事と次第によっては自分も躊躇なく早送りするが、そのようにして映画を「コンテンツ消費」の一環に落とし込んだとき、消えてしまうとまでは言わないが、見えなくなってしまう映画の問題があるとも思っている。

それは一編の小説をあらすじに還元した途端に見えなくされてしまう何かと似ている。小説には小説の、映画には映画の、言うなればよき冗長性や好ましいノイズとでも呼べるような何かがあるが、もしかしたら映画の場合、それは早送りが可能になったという技術的要件と無関係ではなく、むしろそうすることによって逆説的に顕わになるものでもあるのかもしれない。

そう、フィルムで撮られ、シアターで観られるかつての映画は鑑賞者を受動態に置き、そのことの魅力があったわけだが、変速も停止も巻き戻しも可能で、何なら編集や改変だって出来るかもしれない映画の新たなありようが鑑賞者に与える自由（?）、能動性にも考えるにたる何かが宿っているのかもしれない。

そもそも一部の実験映画作家や（たとえばスタン・ブラッケージや奥山順市）、それとはまた違う仕方でゴダールは（『ゴダールの映画史』（一九八八–一九九八）など）、映画の可変性をずっと昔に問題にしていた。平倉圭はその瞠目《どうもく》すべき『ゴダール的方法』でゴダールの映画をデジタル・アナライズしてみせたが、そのようなアプローチに耐える作品とそうでない作品があるということではなく、そうした技術的次元において、そんなことは不可能だった、考えもしなかった時代の映画を観直し、それが可能であることをよく知ったうえで撮られた映画を観ることが必要なのだと思う。もちろんそこには、そんなことは（敢えて?）しないという選択肢もあるのだが。

芸術鑑賞なのかコンテンツ消費なのか、という二分法は有効ではない。どちらでもあり得るというのが単なる正解である。

だがしかし、映画批評の問題ということがある。これまた映画に限らないが、批評が評価や裁定でしかないのなら、それを求めないひと、それを疎ましく思うひとにとって、批評は無用の迷惑でしかない。それならいっそ宣伝に徹してもらったほうがいいとか、いわゆる「考察」のほうがまだましという受け取り方が突出してきても、今では特に仕方のないことだとも思われる。

私は批評を価値判断をすることだとは考えていないのだが、こんにちそしてこれから、映画批評(だって一様ではないが)は可能なのか、映画に対して批評に何が出来るのか、と問わざるを得ない場合があることも自覚している。では、何が出来るのか?

まだ何かが出来るはずだ、と思うから書いてきたのだし、今も書いている、というのは狭い答え方かもしれないが、そうとしか言えない部分もある。感想とも評価とも宣伝とも考察とも違う何か。

これまた映画に限らずだが、私は批評という営み/試みを、自分の批評を、第一に、それが何をしているのかをトレースする、第二に、それでどうなるのかを考える、ということだと認識している。一本の映画があるとして、それは上映時間(あるいは再生時間)を通して、何をしているのか、そしてそれを観てしまったことで、自分に、誰かに、何が起こるのか、何かが起こるのか、何が変わるのか、何かが変わるのか、それを言葉にするのが、私にとっての映画批評であり、本書に収められた長短さまざまな文章も、おおよそそのような方針によって書かれている。私は宣伝に限りなく近い批評だってあっていいと思っているが、おそらく私の批評は宣伝からはかなり遠いものになっているだろう。

映画が映画にさようならを告げている現在、映画批評とは何か？　あくまでも私個人の答え方（の幾つかのサンプル）でしかないのかもしれないが、私は本書に収めた映画批評を、存在意義はよくわからないが、折々の状況と条件の中で、自分が書くべき理由があって書いた。そしてそれは、やはりここ最近の映画の変化変容と無関係ではあり得ない。「今映画と呼んでいるもの」が「かつて映画であったもの」なのだという事実への応援としての映画批評に、それが何を意味するのであれ、なっているのだろうと思う。それは現在、非常に広い意味での「映画」の観客の内部でいったい何が起きているのかを、自分自身をテスターとして検証してみることでもあるはずだ。

最後に、これは前のふたつとはまた別の角度の話だが、「倫理」という問題系がある。

ハーヴェイ・ワインスタインのセクシャル・ハラスメント問題に端を発する「#MeToo」運動、トランプ大統領誕生によって明確化したアメリカの分断、世界の分断、ブラック・ライヴズ・マターに代表される差別の構造、ジェンダー・バイアス、アイデンティティ・ポリティックスとマイノリティ、当事者性の問題、介護やケア、動物愛護、環境問題などなど、二十世紀に胚胎《はいたい》された諸問題が、二十一世紀に入ってから鋭角的に露出することが増え、とりわけここ十年ほど、二〇一〇年代以降は、芸術文化のさまざまなジャンルでもことに取り沙汰されるようになってきた。

それは日本も例外ではなく、日本映画、日本の映画人の意識や行動様式も、長く続いてきた旧態依然たる保守性が自壊し、ここへきてようやく大掛かりな反省や改革の兆しを見せつつある。それはまず映画業界や映画人の振る舞いの問題ではあるが、創作や作品のありようにも当然ながら深くかかわってくる。それは作品のテーマ設定や物語はもちろん、人物造形や些細なディテールにも影を落とす。あるいはまた、かつては気づくことが出来なかった、たとえ気づいたとしてもどうすることも出来なかった過去の映画に内在する問題が、現在の視座から引きずり出され、場合によっては批判されたり、評価を一変されることもあるだろう。

だからこうした問題は、現在形のものであるだけではなく、歴史と制度（受容）の問題でもある。つまり、前のふたつとやはりさまざまに相関している。

広義の「倫理」の諸問題は、明らかに相互に複雑に絡み合っているが、同時に個別に考えるべき／解決されるべきイシューでもある。個と個の関係性をめぐる小さな（だが当人たちにとってはときには途方もなく大きな）問題から、社会や国家、あるいは世界のあり方にかかわる大きな問題まで、そのフレームやヴォリュームもさまざまである。

小さな問題を扱う大きな映画もあれば、大きな問題を語る小さな映画もある。問題を提示しているだけの映画、そのこと自体に意味がある映画もあるし、問題提起だけで終わろうとしない映画、正しいか否かはともかく、どうにかしてその先まで掘り進もうとする映画もある。それとははっきり意識しないで、知らず知らずに重要な問題に触れてしまう映画もある。

そもそも解決が困難な問題に対して、一本の映画が、ひとりの映画作家が、何か決定的に有効な解答を与えられるわけもない（それがけっして起こらないとは言わないが）。あからさまに間違った答えを出しているように見えることもあるし、そこから何かを考え始めることが出来る場合もある。しかし見渡してみて、映画がこれほどまでに「倫理」について考えようとしていると思える時代はかつてなかった。そして、それはとてもよいことである。

映画よさようなら

本書に通底する三つの問題系、「歴史」、「受容」、「倫理」は、最初から私の内にあったものではなく、その時々に観ることが出来た数々の映画のほうから、こちらにやってきたのである。もちろんこの三つだけではなく、本書収録の文章にはもっと色々な主題や問題意識が内在しており、中には私自身も気づいていないテーマが眠っていることもあるかもしれない。

だが少なくともこれら三つは、映画が映画にさようならを告げている現在の状況と深いところでかかわるものであり、そしてまた私自身の個的な関心でもある。

映画よさようなら。一切のノスタルジー抜きに、この言葉を受け取らねばならない。今や映画が映画に別れを告げており、同じ名前で呼ばれていても実のところはまるきり異なる何ものかへと変貌しつつある、いや、すでにそうなっているのだと、そのことにわれわれも気づいているのに、だが口に出して認めてはいなかっただけなのだと、望ましいかはともかくも現実を直視して、目の前の「映画」に対峙し、そして先へと進まなくてはならない。

では、始めよう。

初出＝書き下ろし

第1部

歴史／映画史

部屋を流れる奇妙な音――ペドロ・コスタ論

明るくない部屋

映画作家は、いや、すぐれた映画作家は皆、それぞれ独自の「空間」を持っている。こう書くと当たり前過ぎて何だか馬鹿みたいだが、ペドロ・コスタの映画を観ると、いつもこのことを考えてしまう。もちろん彼に限らず、映画作家が創り出す「空間」は、多かれ少なかれときとともに変化してゆくのだが、たとえ大きく様変わりしてしまっていたとしても、すぐれた映画作家であれば、そこに変化の内の連続性というか、或る種の一貫性のごときものを見出し得るし、それは当の映画作家自身がさほど(あるいはまったく)意識していなかったとしても、そうなのだ。むろん例外はあるが。だがひとまず、この線で話を進めてみよう。

映画における「空間」とは、実のところ結構厄介なものである。というのも映画は原理上「空間」を「平面」の連鎖でしか表現し得ないからだ。まあ今はVRとかもあるわけだが、あれを「映画」と呼んでいいのかどうかは意見の分かれるところだろう(私はさほど遠くないうちにVRも「映画」になる——「映画」がVRになる？——だろうと予感しているが)。映画とは矩形の平面に投写される一連の像のことであり、すなわちそれはフレームと呼ばれる境界線によって常に必ず縁取られている。敢えて単純に言ってしまえば、三次元空間を無理矢理平面（それは「奥行き」を有する平面ではあるが）に落とし込んだものが「映画」と呼ばれているのである。

もちろん、これは「絵画」でも「写真」でも同じことではある。というか「絵画」も「写真」も、そして「映画」も、無理をしているという点では同じなのだが、無理の仕方が異なっていると言えばいいのかもしれない。「映画」の場合、その「空間」のありようはカメラワークと呼ばれる運動によって形成される。これも単純に言えば、たとえばカメラを右に振れば、それまで見えていた空間が右方向に延長されるし、カメラを一旦切って向きを入れ子にすれば、こちら側にも空間がある（あった）ことが示される。当たり前過ぎて馬鹿みたいだが、こういう作為が積み重ねられることで、一本の映画は単なる平面であることを超えて、あたかも立体的な空間であるかのような装いを身に纏っていくのである。言い換えればそれは、今見えている画面はたまたま今見えているのに過ぎず、実際にはその外側にも空間が広がっているのだという、よく考えたら何の根拠もありはしない仮想的な認識（錯覚？）を、観客に与えるのだ。

映画作家が各々の「空間」を持つとは、そのようにして仮構／捏造される「フレームの内と外」が、何らかの特徴的なフォルムを有しているということである。或るショットを見ただけで、ああこれは間違いなくあの映画作家だ、紛れもなく彼ないし彼女の画面（＝空間）だ、などとすぐさま言い当てられるような、その者に固有の造形感覚に裏打ちされた「空間」への意識を端的に表象するスタイル。それは彼ないし彼女が。そもそも「映画」が条件付けられ、いや、今のところ運命付けられているあからさまな不自由を、いかに処理（しようと）しているか、「映画」が「映画」であるがゆえに現状受け入れるしかない不自由を、いかにして自由――むろんそれは一様ではないが――へと変換してみせ（ようとし）ているか、を表すものだと言っていい。

さて、では、ペドロ・コスタについてはどうだろうか？

ペドロ・コスタの「空間」とは、一言でいえば「明るくない部屋」である。その典型例は、言うまでもなくヴァンダ・ドゥアルテの「部屋」だ。そこには調度と呼ぶべきものはほとんどない。薄汚れた寝床しかない。そしてそこは暗い。いや、明るくない。陽が出ているあいだは、窓なのか外壁の隙間だか破れ目なのかわからないが、ともかくどこからか漏れ射してくる弱い光が、夜ともなればごくわずかな照明＝光源が、闇の中に彼女を照らし出す。画面のほとんどは暗く沈んでいるが、完全な漆黒というわけではない。さながら貧しいスポットライトのような灯りが、観客の視界を部分的に刳《く》り貫き、見るべきものを浮かび上がらせている。『ヴァンダの部屋』（二〇〇〇）の場合、監督自身が操るカメラはシーンごとに部屋のどこかに据え置かれ、そこに棲む女が激しく咳き込みながら動いたり動かなかったり喋ったり喋らなかったりする様子を捉え続ける。その部屋はひどく狭い。そして昼も夜も明るくない。だが部屋であるからには、そこは外界から壁や屋根によって完全ではないにしても閉ざされており、むしろ内部にほとんど何もないということが、かえってその

「空間」感を際立たせている。

カメラが置ける場所が限られているので、極度の長回しも相俟ってスタティックで冗長、つまり退屈に堕してしまうかと思いきや、映像の持続は独特な緊張感を、より精確に言うなら弛緩《しかん》と区別し難い奇妙な緊張感を保ち続ける。明るくないこと、暗がりの中の明るみ、部屋に注がれる弱く貧しい光は、ただ単に物やひとを映し出すための方便であることを超えて、一種の厳《おごそ》かさ、いっそ神聖さと呼ぶことさえ出来そうな輝きを発し始める。その部屋はヴァンダを包み込んでいる。その空間はヒロインを内包している。いや、実は『ヴァンダの部屋』の主役はヴァンダではない。あの部屋＝空間のほうなのではないか？

『ヴァンダの部屋』の前作に当たる『骨』（一九九七）で、ポルトガルのリスボン北西部、カーボ・ヴェルデ出身のアフリカ系移民が多く住むスラム街フォンタイーニャス地区をロケ地＝物語の舞台に選び、そこに実際に住んでいたヴァンダ・ドゥアルテと出会ったことが、ペドロ・コスタの作風に不可逆的な転回を齎《もたら》したことは周知の通りである。『骨』では大変印象的ではあるが端役だった、しかもプロの俳優ではないヴァンダの、控えめに言って荒廃した生活を二年間にわたって撮影し、膨大な素材をまとめ上げて完成したのが『ヴァンダの部屋』であり、この作品はコスタを一躍、国際的な映画シーンのスターダムに押し上げた。

だが、決定的と言うべきは、コスタとヴァンダの出会い以上に、コスタとヴァンダの部屋の出会いだったのではないか。あの狭い、ほとんど何もない、明るくない部屋。あの不完全な閉域としての空間。あのぼんやりとした、衰弱した、だが神聖なる光輝を孕み持つ空間。そして実際、その後の『コロッサル・ユース』（二〇〇六）、『ホース・マネー』（二〇一四）、『ヴィタリナ』（二〇一九）と続くコスタの長編映画において、ヴァンダの部屋をプロトタイプとする「部屋＝空間」は、常に映画の中心にあると言ってよい。

もちろん、『ヴァンダの部屋』の続編『コロッサル・ユース』でヴァンダは、あの部屋から新興住宅地に移っている（母親になってもいる！）し、その『コロッサル・ユース』で初登場した、フォンタイーニャス地区で長年生きてきた、カーボ・ヴェルデから来た男ヴェントゥーラが『ホース・マネー』で横たわるのは、白く明るい清潔な病院の一室である。しかしそれでもやはり、ペドロ・コスタという映画作家にとって特権的な「空間」は「明るくない部屋」なのだと思える。

このことは、まるでヴァンダが別の名前と別の姿かたち、別の人生とともにあの部屋に舞い戻ってきたかのような『ヴィタリナ』によって証し立てられることになったのではないか。長年離れて暮らしてきた夫のとつぜんの死によってカーボ・ヴェルデからリスボンにやってきたヴィタリナ（この挿話は『ホース・マネー』ですでに一度、ディテールが異なるかたちで語られていた）が滞在する部屋――亡き夫が棲んでいた部屋――は、あの「ヴァンダの部屋」の反復である。

映画／絵画

ペドロ・コスタは『ホース・マネー』の日本公開時に行なわれたインタビューの中で、聞き手の金子遊の「暗い背景のなかで、人物にスポットをあてるような照明も特徴的ですね」という問い掛けに、次のように答えている。

現代の観客はあまり慣れてないかもしれないが、1940年代には当たり前の照明の方法でした。この映画のライティングをお金のかかった「映画」と比べるのは無理です。30年代から50年代くらいのB級映画、あるいは現代のゾンビ映画では似たようなことをやっています。わたしたちには30個の照明があるわけではなく、3個のライトしかないので、できることが限られたなかで発明をしなくてはならない。

（金子遊『ワールドシネマ入門』、コトニ社、二〇二〇年、二〇頁）

この発言は『ホース・マネー』に限らず、少なくとも『ヴァンダの部屋』以降のコスタ映画の全てに該当することだろう。とはいえ、もっぱら予算や機材の乏しさのせいで「発明」が要請されるのだという、要するに仕方なしに採用された苦肉の策なのだとでも言いたげな、ここでの主張が本音だとしても、それだけではあるまい。

ペドロ・コスタは、デビュー長編『血』（一九八九）ではヴィム・ヴェンダースやルドルフ・トーメの撮影技師マルティン・シェーファーを、『溶岩の家』（一九九四）と『骨』ではマノエル・ド・オリヴェイラの諸作やロベール・ブレッソンの『ラルジャン』（一九八三）で知られるエマニュエル・マシュエルをカメラマンに迎え、作品ごとにかなり異なるルックを試みた。いかにも第一長編らしい瑞々しさと、三十年遅れのヌーヴェルヴァーグとでもいうべき数々の映画狂的な目配せに満ちた『血』（この映画が今のコスタならまずやらない「切り返し」から始まることは記しておくべきだろう）。コスタがもっとも（あるいは唯一？）ロベルト・ロッセリーニに接近した『溶岩の家』。この二作には流麗な移動撮影が登場する。同じ撮影監督を起用しながら前作とは一転して、スラム街の殺風景な生活と風俗をフィックスの画面でリアルに収めた『骨』、画面設計の方向性はそれぞれ違っているものの、そこに共通しているのは、言うまでもなく濃密にしてストレートなシネフィリーである。

コスタにもっとも強い影響を与えた映画作家はブレッソンとストローブ＝ユイレだろうが、たびたびインタビューでも言及している小津安二郎を加えて、この四人三組からコスタが受け取ったのは、何よりもまず画面の厳密な形式性であり、それを実現するためのカメラワークへの過剰なこだわりである。

ところがしかし、誰もが知るように、コスタは『骨』のあと、それまでの撮影スタッフを解任し、安物のデジタルビデオカメラを携えて、ヴァンダ・ドゥアルテの部屋に入り浸るようになったのだ。あの薄汚れた、明るくない部屋に。

そこにいかなる心境の変化があったのか。もちろん私にはそんなことはわからない。本人が色々と語ってもいるのかもしれないが、重要なのは、ペドロ・コスタに「転回」を齎した、あの「部屋

＝空間」との出会いが、彼をシネフィリーから解き放つとともに、惑る意味で、また別の半ば閉ざされた場所、ことによるともっと厄介な「空間」に誘うことになったのではないか、ということなのである。

先の金子遊によるインタビューで、コスタはこんなことも言っている。

ゴダールやわたしの映画が形式的すぎる、形よくつくりこまれすぎているという批判がありますす。その一方で、観客は四角いフレームに映るものしか見ないし、それしか見えないのです。映画を原初的に考えれば、四角いフレームのなかに何を入れて、何を入れないかをつくり手が決定づけることです。これは美学的な問題ではなく、政治的な選択です。

（同、二八頁）

だが、それはやはり「美学的な問題」でもあるのではなかろうか。『コロッサル・ユース』を観たとき、それは明らかに『ヴァンダの部屋』の続きであるのだが、ヴァンダたちの生活が一変したということだけではなく、今自分は前作とはまったく異なる映画を観ているのだという紛れもない戸惑い——それは『コロッサル・ユース』が傑作であることと何ら矛盾しない——を禁じ得なかった。その感覚は次の『ホース・マネー』で、もはや打ち消し難いほどに高まった。いや、それ以前、歌手ジャンヌ・バリバールのリサイタルを撮ったドキュメンタリー映画『何も変えてはならない』（二〇〇九）を観たときに、すでにそう感じていた。

誤解をおそれずに言おう。私は、ペドロ・コスタの映画は、その画面は、幾ら何でも美し過ぎるのではないか、と思ってしまったのだ。

ペドロ・コスタの「空間」は、その「明るくない部屋」は、いわば「光（ライト）」と「額縁（フレーム）」で出来ている。きわめて限定された数の、光量の乏しい、だが隅々まで計算され尽くしたライティングと、それによって浮かび上がる明暗を、光と闇の布置を、そこに佇む人物を、これ以上はないと思えるほどの的確で華美な画面に収めるフレーミング。それは『ホースマネー』の冒頭のシーンや、『ヴィタリナ』の多くのショットに、とりわけ明確に表れている。しばしばそれは絵画的と呼ばれる。たとえそれが賞讃の言葉であったとしても、そしてそれに同意するとしても、私としては微かな苛立ちにも似た違和感を拭い去ることがどうしても出来ない。

この感じは、ストローブ＝ユイレの編集作業を撮ったドキュメンタリー映画『あなたの微笑みはどこに隠れたの？』（二〇〇一）と『何も変えてはならない』を並べてみれば一目瞭然ではないか。被写体のふたりと同様、ぶっきらぼうで無造作であるがゆえの高潔さに満ちた前者に較べ、後者のドキュメンタリーとは到底思えない完璧な画面づくり、まさにそこしかあり得ないと膝を打つ常に正解のカメラポジションは、難癖をつけていると思われるだろうことを承知で言うなら、あまりにも人工的で、絵画的に過ぎると私には思えてしまう。

ペドロ・コスタは、あの「部屋」との出会いによって、彼がこよなく愛し、であるがゆえに囚われてもきた「映画」から身を引き剝がし、しかしそれ以後、彼の貧しくも気高い「空間」に「光」を当て「額縁」で枠取ることで「絵画」へと接近していったのだ。そしてそれは彼が世界的な巨匠になっていくプロセスとパラレルだった。だからおそらく、何も悪くはない。必ずしも意図してのことではなかったとしても、結果的に「光と額縁」は彼を——その「空間」のありさま自体はほとんど変えぬまま——変貌させたのだ。

I Hear a New World

『ヴァンダの部屋』の時点に立ち戻ってみよう。ひとつ言えることは、ペドロ・コスタと「部屋」との出会いは、一種の偶然であったということである。たまたま『骨』に出演したジャンキーの女が住んでいたのが、あのような部屋だったのだ。このことは重要だと思う。むろん偶然とは必然の別名なのだが、それでもあの部屋は、コスタが選んだわけではなかった。

だがしかし、その出会いは決定的だった。「部屋」はコスタの映画を変えた。いささか逆説的だが、フィルムではなくビデオが、プロフェッショナルな照明機材ではなく安手のライトが、コスタを絵筆を持たぬ「画家」に変えていった。それは「四角いフレームのなかに何を入れて、何を入れないか」ということごとの判断の作業に過ぎなかったが、にもかかわらず、その繰り返しは美学を発動させることになった。彼は最初のときのように、カメラを置けるところにただ置く、というわけにはいかなくなっていった。『ヴィタリア』の画面は、そこで縁取られる空間は、今や孤高のきわみに達している。それは比類なく美しい。美しい、という恥ずかしい言葉を衒《てら》いなく口にしてもまったく構わないほどに、美しいのだ。

ならば、いったい何が問題だというのか？　問題などない。だが、ちょっとした蛇足ならある。三たび、金子遊のインタビューから引用しよう。

映画言語というい方がありますが、わたしには映画が言語だとは思えません。映画は言語以前にあるもの、もしくは言語以降にあるものではないか。各ショットに記号のような意味をもたせることはできません。わたしが映画に期待するのは、文章に書かれることのないような、たとえば音楽のようなものに近づくことです。

（同、二七頁）

ペドロ・コスタが無類の音楽好きであり、ギターを弾き、パンクバンドに在籍していたこともあるという事実は、よく知られている。私は何度か彼と来日時に会ったことがあるが、あるとき彼は「ディスクユニオンでジャズのレコードをたくさん買い込んだ」と嬉しそうに語っていた（何を買ったのかも聞いたはずだが忘れてしまった）。インタビューでもコスタはよく音楽の話をしているし、音楽ドキュメンタリーの『何も変えてはならない』はもちろんのこと、彼の映画ではしばしば音楽が印象的に使用されている。もっともわかりやすいのは『溶岩の家』のヴァイオリン弾きのシーンだろうが、あのような歴然とした「音楽＝演奏」ではなくとも、たとえば『ヴァンダの部屋』にかんして、近隣の住居の取り壊しの音がノイズさながらに響いてくることは、よく言及される。コスタは撮影と同じく、録音も安価で手軽なデジタルオーディオレコーダー（DAT）で行なった。つまり『ヴァンダの部屋』におけるイメージとサウンドの記録は、ほぼ同じ条件のもとでなされたのである。ヴァンダ・ドゥアルテの部屋は、たまたまあんな「明るくない部屋」だったのだが、その部屋はやはりたまたま、あのようなノイズに塗れた空間だったのだ。

そして、コスタはその後、イメージの次元では「絵画」への接近を開始した。とすれば、サウンドの次元でも、同様のプロセスが始まったと考えられる。そして実際、ペドロ・コスタの映画の「音響空間」の独創性にかんしては、さまざまな論者による指摘がある。いや、それらを知らなくとも、単に耳を澄ませてみれば、それはたちどころに了解される。コスタの映画は、音も凄いのだ。

ここで言っておきたいのは、イメージとサウンドでは、フレームというもののあり方が根本的に違っているということである。もっと端的に言えば、音には額縁がない。私たちがスクリーンやディスプレイに対峙するとき、そこにフレームがあるということは、フレームの外も常に見えているということであるわけだが、そこには矩形の平面があるわけだが、そしてそこには「空間」が表象されているわけだが、そこにはフレームがあるということは、フレームの外も常に見えているということである。映画館で、テレビで、パソコンで、私たちはフレームの中に動く映像を注視しながら、たとえまったく意識していなくとも、常にその外側を見てもいる。

だがしかし「映画」とは、フレームの中のことを言うのである。馬鹿みたいに当たり前だが、ではサウンドはどうかというと、当然ながらそれにも「内」と「外」はある。映画を見ながら映画の「外」の音を聞く／聞かされるという状況はほとんど想像出来ないが、問題は「内」のほうで、音については映像と同じ意味でのフレーミングは成立しない。カメラのファインダーを覗いて「四角いフレームのなかに何を入れて、何を入れないか」を判断することは可能でも、同時にマイクをオンにしてレコーダーを回し、デジタルオーディオデータに何を入れて、何を入れないかを選別することは不可能なのだ。

ややこしい言い方をしているが、要するにそこにはどうしたって、よくわからない音が、出所不明のサウンドが、音源不明のノイズが録音されてしまうことがあり得るということである。むろん、追ってそれらを除去したり、あるいは編集したり、場合によっては何か別の音を足したりすることだって可能だし、コスタもそうしているのかもしれない。だが、そういうことではないのだ。

問題は、それが観客である私たちには判別出来ないということなのである。イメージにかんしては、そこに見えているものは要するにそこにあるのであって、だからこそ「絵画的」とも呼び得るような、「空間」を「平面」に落とし込む作業がなされ得る。だがサウンドの場合は、そこで聞こえているものが、そこにあるとは限らない、のみならず、それが何であるのか（何の音なのか）わからぬままであることもあるし、もっと言えば、それはどこにもない（なかった）音である可能性さえある。

それでもしかし、耳が機能していれば、音はどこからか聞こえてくる。聞こえてしまう。ヴァンダの部屋に鳴り響いていたノイズは、ペドロ・コスタの意図とは完全に無関係に、ただそのとき、そこで鳴っていたから、そこに聞こえていたから、映画の中に刻み付けられてしまったのである。それには窓も壁の隙間も必要なかった。光とは違って、音は「部屋」の外から、「空間」の外から、「外」から「内」へと、なんなく入り込んでくるのだから。

というわけで、ペドロ・コスタを、これ以上「画家」にしないために、私としては「額縁」を無効にする音のざわめきに、けっして「絵画」を構成することのないノイズが持つ可能性に、期待したいと思うのだ。考えてみれば（考えるまでもなく）、画面を造ることに較べたら、それはずいぶんと簡単なことである。マイクをオフにしなければいいのだから。

初出＝『ユリイカ』２０２０年10月号、青土社、二〇二〇年

科学と神秘——アピチャッポン・ウィーラセタクンの『MEMORIA メモリア』

I hear a new world
I hear a new world (I hear a new world)
Calling me, calling me (calling me)
So strange, I'm sorry (so strange, I'm sorry)
So strange, I'm sorry
Haunting me, haunting me (haunting me)
How can I tell them? (how can I tell them?)
How can I tell them?
What's in store for me? (what's in store for me?)
What's in store for me?
I hear a new world (I hear a new world)

I hear a new world
Calling me, calling me（calling me）
——Joe Meek「I Hear a New World」

ファラオからアポロへと／場所を越え時を隔て
カメラは手のひらで／旅を続ける
——鈴木さえ子「血を吸うカメラ」

1. Memoria Memorial

アピチャッポン・ウィーラセタクンが主演にティルダ・スウィントンを迎え、初めて全編をタイ国外のコロンビア共和国で撮影した七カ国（タイ・コロンビア・フランス・ドイツ・イギリス・メキシコ・カタール）合作の長編映画『MEMORIA メモリア』（以下『メモリア』／二〇二一）は、多くの点で映画作家としての彼の集大成と言っていい作品である。メインキャストにタイ人は出演しておらず、話される言語もスペイン語と英語だが、この映画には過去のアピチャッポン・ウィーラセタクン作品のエッセンスが、さまざまなかたちで詰め込まれている。ヒロイン（そう、これはアピチャッポンの作品でおそらく初の「ヒロイン」が明確に存在する映画である）の「ジェシカ・ホランド」を演じるスウィントンが、謎と秘密に満ちた「アピチャッポン・ワールド」をへめぐっていくというのが、言うなればこの映画の骨子である。

『メモリア』の完成に伴い、同作の構想メモや撮影日誌、撮影台本の一部などが収録されたドキュメント・ブックが刊行された。出版元はベルリンのFireflies Pressで、書名はシンプルに『Memoria』(二〇二一)、著者名はアピチャッポン・ウィーラセタクン、濃紺の布上製ハードカバーの厚みのある大型本である。映画作家が自作の記録を――シナリオ本ともノベライゼーションともノンフィクションとも異なる、いわばワーク・イン・プログレスを紙上に再現するような仕方で――書物のかたちで発表することは時々ある(もちろんそれは国際的評価の高いアーティスティックな監督に限られているのだが)。たとえばペドロ・コスタが『溶岩の家』の撮影に際して記したノートは『Casa de Lava―『溶岩の家』スクラップ・ブック』(二〇一〇)として出版されたことがある。だがそれと較べても『メモリア』本の内容は映画の副読本として非常に充実しており、謎と秘密に満ち満ちたあの作品をより深く理解するためには必読とさえ言えるものになっている。

私がこの本を入手したのはもうかなり前、出版されてすぐのことだったが、肝心の『メモリア』を観ることが出来たのがごく最近なので(それまでは本を開いて眺めるだけにしていた)、映画のスチールや現場の記録写真とともにアピチャッポンの手書きノートや撮影のメモ、膨大な参考資料などがぎっしりと――コスタ同様、スクラップ・ブック風に――配された本の全ての頁を精読するまでには至っていない。だが試しに最初のほうを捲《めく》ってみると、ヒロインの名前はどうやら最初は「ジェシカ」ではなく「エリカ」だったことがわかったりする。

だがまずもって示唆的なのは「To Memoria」と題されたアピチャッポンによる序文だろう。おそらくネタバレ案件なのだと思われる『メモリア』終盤の驚くべきシーン（というかワンショット）を想起させる詩的な書き出しに続いて、アピチャッポンはコロンビアのカルタヘナの路上でひとりの男と出会ったエピソードを記す。「自由になるにはあらゆるものから自分を取り外す必要がある、君自身の存在からも」と男は言った。彼はフランスからやって来たと言ったが、話し掛けてきた言葉はタイ語だった。そのとき映画作家はショッピングモールに映画を観に行こうと急いでいたのだが、男に自分の心を読まれたと感じた。

そしてアピチャッポンは、ジャック・ターナー（トゥールヌール）監督の一九四三年の映画『私はゾンビと歩いた！（I Walked with a Zombie）』の登場人物である「ジェシカ・ホランド」が、コロンビアの首都ボゴタで目覚める（転生する？）というシナリオを思いつく。フランス人だが主にハリウッドで活躍したターナーが、ポール・シュレイダー監督によるリメイクでも知られる『キャット・ピープル』（一九四二）の翌年に撮った『私はゾンビと歩いた！』は、日本でも黒沢清、高橋洋両監督を筆頭に映画狂からマニアックな支持を得ている作品である。物語はフランシス・ディー演じる看護師がハイチの農園に勤めることになり、父親の異なる兄弟と、ブードゥーの呪いをかけられて生きた屍＝ゾンビと化した兄の夫人ジェシカ・ホランド（クリスティン・ゴードン）の三角関係に巻き込まれる、というものである。いわゆる「ゾンビ映画」の嚆矢とされるジョージ・A・ロメロ監督の『ナイト・オブ・ザ・リビングデッド』(一九六八)より四半世紀も前の作品であり、ゾンビという語が映画題名に冠されたもっとも初期の例ではないかと思われるが、この映画のゾンビは現在のそれとはかなり違っている。とはいえ、映画の中で一度も喋らず表情の変化もないジェシカが肉体的にも死んでいたらしいことが最後に判明するので、ゾンビというのは必ずしも比喩的な表現ではないようなのだが、ロメロ以降の「ゾンビ」が「死んだあとに蘇る」のに対して、『私はゾンビと歩いた!』のゾンビ=ジェシカは「生きたまま屍にされた」という状態なのではないかと推測出来る。

だが重要なことは、『私はゾンビと歩いた!』のジェシカ・ホランドが目覚めたまま一種の昏睡状態にある、という点である。アピチャッポンは『メモリア』本で「comatose character(昏睡状態の登場人物)」と記している。ティルダ・スウィントンが同じ名前を持たされているのは、『メモリア』のジェシカ・ホランドが、ジャック・ターナーの古典怪奇映画のジェシカ・ホランドと同じく、起きたまま眠っており、動き回りながら実は明瞭な意識を欠いており、要するにほとんど生きながら死んでいる(死にながら生きている)ような人物として造形されているからにほかならない。『私はゾンビと歩いた!』の物語上のヒロインは看護師のベッツィーだが、『メモリア』のヒロイン(にして狂言回し)はジェシカである。そして、ジェシカの特異な存在様態は、『メモリア』という映画の隠喩でもある。そもそも「comatose」という形容詞ほど「アピチャッポン・ワールド」を端的に表した言葉はないのではあるまいか?

『メモリア』本の序文の続きで、アピチャッポンは映画の始まりを告げる、ジェシカに一連の行動を促すという意味で文字通り作品の通奏低音を成す「爆発音（the sound of an explosion）」が、彼自身の体験に基づいたものであることを明かしている。実際に映画で聴かれるその音は爆発ほど派手な感じではなく、重い物体が落下してきて壊れることなく着地したような、近距離で聞こえた車のバックファイヤのような（あくまでも私の感覚なのでほかの観客は別の喩えをするかもしれないが）、妙にあっけのない、かなり即物的な、詩的感興《かんきょう》を欠いた音なのだが。アピチャッポンはあるときから耳元でとつぜん鳴り響くその音に睡眠を阻害されるようになった。追って彼はそれが「頭内爆発音症候群（Exploding head syndrome）」という病名を持つことを知る。自分の頭の中でしか聞こえていないその「バン！」という異様な音が、しかし次第に奇妙な悦びになってくる。「すぐに僕はそのリズムに慣れてしまった。バン！の内に入り込んで異なる音色にチューニング出来るようにさえなった。まるで指揮者か動物の訓練士みたいに」。

何年ものあいだ、三時間も眠るといつもすっきりと目が覚めてしまった。それから僕はシナリオの来し方行く末を「漂流」するステージへと入ってゆく。それは普通の夢とは違っていて、自分は観客でほかには何もしていない。数時間が経ち、夜明けにバン！が二度目の目覚ましになる。バン！の快楽は後方に広がって、今や地下世界みたいに感じられる流動する領域に含まれるようになった。イメージはぼやけていて、まるで腐った舞台の上にあるかのようだ。論理は理解しにくく、時間は減速した。他人の記憶に指を突っ込んでいるみたいな、もしくは外国で映画を造っているみたいな？　憑依する／憑依される——自己を除去し、無であることが自由を意味するようになる際の均衡状態。おそらくこれが、ジェシカ／ティルダの道行きを含んだ、全ての答えなのだ。

こうしてアピチャッポンは『メモリア』を撮り上げた。すると毎朝のバン！はあっけなく消えてしまった。よくも悪くも彼は夜にはまた七時間眠れるようになった。「これがもうひとつの答えである」。

2. I hear...

ジェシカ・ホランドは呼吸器の病気で入院している姉のカレンを見舞うために、コロンビア第二の都市メデジンからボゴタにやってきた。姉夫妻の家で就寝中、ジェシカは奇妙な音で目が覚める。それからもその音はたびたび聞こえ、やがて昼間にもするようになる。だがどうやらそれは彼女以外には聞こえていないらしい。彼女は録音スタジオを訪ね、若い音響技師のエリナンにその音の再現を依頼する。エリナンはジェシカの頭に聞こえている音を造り上げ、それを手渡したあと、メデジンでフローリストをしているらしいジェシカが花用の新しい冷蔵庫を検分に行くのについてきて、高額で手が出ないという彼女に自分も出資するなどと言い出すが、ジェシカは相手にしない。後日、ふたたびスタジオに行ってみると、そこにいたひとたちは、エリナンなんて知らない、そんな男は最初からここにはいない、と言う。ジェシカの認知や記憶のほうか、世界のほうなのかはわからないが、この辺りから物語のあちこちが失調していく。いつのまにかカレンは退院していて、ジェシカは姉夫婦とレストランで食事をするが、死んだと聞かされていた知人が生きていると言われ、彼女は混乱する。そしてそこでも何度もあの音がする。

ジェシカは姉の病院で診療を受けるが、音の原因はわからない。彼女は考古学者のアグネス・チェルキンスキー（ジャンヌ・バリバールが演じている）と知り合い、トンネルの採掘途中に発見された六千年前の少女の骨を見せられる。映画の後半、ジェシカはコロンビア郊外の村の川沿いで魚の鱗取りをしている男を見つけ、ひとときの会話を交わす。男は見たもの全てをいつまでも覚えているので映画やテレビは見ない、と言う。そして自分が宇宙からやってきた種族の末裔であるかのようなことを匂わせる。彼はまた、岩や石、木やコンクリートの記憶を聞くことが出来ると言う。ジェシカが男の名前を尋ねると、エルナンと名乗る。ふたり目（?）のエルナンは、俺は、俺たちは、夢を見ないと言う。では眠っているあいだは？　何もない。そしてエルナンは地面に横たわり、一瞬で眠りに落ちる。その姿はまるで死んでいるように見える。

このかなり長い場面のあとに、先にも触れた驚愕の展開が待っているのだが、第二のエルナンの俄かには信じ難い話と共鳴し、ジェシカの身に起こってきた怪現象の真相（?）を暗示し、また例のバン！の正体（?）をも示唆するあのおそるべきショットは、その受け止め方も解釈も観客によって大きく異なることだろう。いったいあれは何だったのか、私にもよくわからない。もしかしたら何かの冗談なのかもしれない。だがしかし、わからないと言うのなら、『光りの墓』（二〇一五）だって、『ブンミおじさんの森』（二〇一〇）だって、『世紀の光』（二〇〇六）だって、それ以前の映画だって、どれもこれもわからないことだらけだったのだ。だからいっそ、ここではむしろわかりやすいところから述べてみよう。

映画は大きく、ふたりのエルナンを対象、導き手、メディウムとして、前半と後半に分かれている。二部構成は、アピチャッポンの映画によく見られる趣向だが、以前はストーリーや視点人物さえ変わってしまうことがあったのに対して、『メモリア』にはジェシカ／ティルダというヒロインが前後半を通して存在している。だが彼女は事件や出来事を自ら引き起こすわけではない。『メモリア』本の序文でアピチャッポンが言っていたように、彼女は一種の「観客」でしかなく、ほとんど何もしない。何かをするのは、何ごとかを、この世界（とはしかし、いったいどの「世界」なのか？）の秘密らしきものを開示／暗示するのは、ふたりの、いや二重のエルナンであり、そのほかの人物たちであり、そして彼女の外側にあり、彼女を囲い込み、惑る意味で彼女とは無関係に存在している風景と自然そのものである。

『トロピカル・マラディ』（二〇〇四）のように前半がリアルで後半がアンリアルと明確に切り分けられているのではないが、それでも『メモリア』の後半の展開、特にジェシカが第二のエルナンにするある告白は、一種の「種明かし」として受け取ることが可能だろう。納得出来るかどうかはともかく、そういうことだったのか（このあとに「!」か「?」のどちらがつくかは観客それぞれだとしても）という結末感は、過去のアピチャッポン作品と比べて、かなり強い。思えばこのいわば「落ち」っぽさは、長編映画としては前作に当たる『光りの墓』にも感じられた。その前の『ブンミおじさんの森』の、あの素晴らしく魅惑的なラストシーンの投げっぱなし（唐突に出現するドッペルゲンガー!?）さとは対照的である。

病室のベッドで睡眠を貪る誰かと、その傍らに佇む誰か、という構図も、アピチャッポン映画ではお馴染みのものである。『世紀の光』にも、『光りの墓』にも、ほかの幾つかの短編作品にも、同様のイメージが繰り返し登場する。そしてこの点でも『光りの墓』と『メモリア』は、ほとんど直接的に繋がっていると思える。『光りの墓』の兵士たちは原因不明の眠り病に罹《かか》っていて、昏昏と眠り続けている。CIAの協力者でもある超能力者の娘は、眠る兵士の魂と交信し、彼が見ている夢に入っていって、今は病院が建っている土地にかつてあった王家の墓の記憶へとダイヴする。眠りと死、夢と記憶（＝過去の時間）の区別のなさ。「眠りと死は双子の兄弟」（ホメロス）は、アピチャッポン・ウィーラセタクンの最大のテーマであると言ってよい。

眠りといえば、ふたり目のエルナンがとつぜん眠ってしまうシーンは、『ブリスフリー・ユアーズ』（二〇〇二）のラストを彷彿とさせる。ただし、同じくまだ明るさのある夕方で、同じく川べりで、同じく水の流れる音がずっとしているが、約二十年前の『ブリスフリー・ユアーズ』とは違い、『メモリア』の眠りには、あの匂い立つようなエロティシズムは皆無である。眠っている、いや、この世界からひとときだけ取り外されている第二のエルナンの横で、ジェシカは穏やかに佇んでいる。

さて、ジェシカに聞こえている音がほかの誰にも聞こえないということと、第二のエルナンが石たちの声を聞くことが出来るということは、明らかに表裏一体を成している。興味深いのは、音が自分にしか聞こえていないとジェシカがはっきりと認識して以後、われわれ観客にも音が聞こえなくなってしまうということである。それはもちろん、ラストでもう一度、同じものらしき音を鳴らすインパクトを高めるための演出とも言えるが、逆にいえば、現実世界なら聞こえないのが普通なのである。当然、前半のほうがおかしかったのだ。

だから監督自身の実体験をもとにした、誰にも聞こえないはずの音が聞こえる、という現象こそ、この映画全体を貫く原理なのである。言うまでもなくこれは、見えないはずのものが見える、ここにないはずの存在が見える、というアピチャッポンが繰り返し描いてきた視覚的なテーマの聴覚ヴァージョンである。スペクタクル的な視覚体験に特化した『フィーバー・ルーム』（二〇一五）を経て、次は「耳」にフォーカスした作品を志向した、ということだったのかもしれない。

視点人物という言い方はあるが、聴点人物はない。技術的にはダミーヘッドやマルチチャンネル等を使って実現可能だが、視覚をカットしてしまったら、それは「映画」とは呼ばれなくなってしまう。音のない映画＝サイレントは存在するが、映像のない映画は——観念的にはあり得るとしても——語義矛盾である。もちろんヴァルター・ルットマンの『ウィークエンド（Wochenende）』（一九三〇）からジガ・ヴェルトフ集団、マルグリット・デュラス、ジョアン・セザール・モンテイロなど、映画史には「（ほとんど）映像を欠いた映画」の系譜が存在する。だが、何も映っていない画面は、黒であれ白抜けであれ、結局のところ「黒」や「白」が映っている映画でしかない。

七里圭は『眠り姫』（二〇〇七）のサウンドトラックのみを「上映」する「闇の中の眠り姫」という試みを行った。だが、あのとき漆黒の中で聞こえていた声や音たちを聴いていたのは、果たして誰だったのか？　そう、それは観客のひとりである私だった。私でしかなかった。聴点人物の困難は、おそらくここに存している。映画においては、視点の切り替えは簡単だが、聴点の変更を観客にじゅうぜんに示すことは、ほぼ不可能と言ってよい。しかしこのことはすなわち、映画の「聴覚」という次元には、未だ掘り尽くされていない可能性が潜んでいるということでもある。

3. Visinda og Leyndardómur

ジェシカにしか聞こえていない音を観客に聞かせるという、たったそれだけの作為が、具体的であり即物的でもある、あのバン！こそが、この挑戦への足掛かりとなる。

彼女は第一のエルナンに自分の聞いたバン！の再現を依頼する。いやそれは再現ではなく創造あるいは捏造だ。私が聞いたのはこの音だった。確かにこの音だった、とジェシカは言うが、エルナンは彼女の頭の中のバン！を耳にしたわけではないし、そんなことは出来ない。観客には音と音を聴き比べることが可能だが、それらはおそらくそもそも同じ音なのだろうから似ているに決まっている。
だがここで重要なのはそんなことではない。誰かの頭の中でしか鳴っていない音を人工的に再現=捏造する、という試行にこそ、こう言ってよければ『メモリア』という映画のメッセージが込められている。ここには、テクノロジーとイマジネーションの関係性をめぐる、言い換えるならば科学と神秘の函数をめぐる、古くて新しい主題が仄見えている。

石や岩や木やコンクリートなどなどにレコーディングされている世界の「記憶」を聴き取ること、意識や記憶を有しているとされる人間どもや一部の生き物だけではなく、植物や鉱物、土や砂や水にもメモリアがある。物質と記憶ならぬ物質の記憶？　これは一見、昨今流行りのポスト人類学的アニミズムのようだが、それだけではない。世界の音／声を聴くには、よい耳があればいい。だがそんな特別な耳が聴き取った音／声を他人の耳にも聞こえるようにするためには、テクノロジーが必要なのである。サイエンスが要請されるのだ。

そして映画という発明こそ、科学によって神秘を生み出すものではなかったか。

シネマとメモリアは、こうして出会う。

科学と神秘の結ぼれこそ「アピチャッポン・ワールド」の本質である。そもそも医学がそうではないか。『私はゾンビと歩いた！』で描かれるブードゥーは、呪術であると同時に医術だった。看護師のベッツィーは科学を、ゾンビであるジェシカは神秘を体現している。アピチャッポンはいわばふたりをひとりにして、『メモリア』のジェシカを創り出した。第一のエルナンは科学の、第二のエルナンは神秘の象徴として映画に召喚されている。と同時に、第一のエルナンは忽然《こつぜん》と消失することによって神秘を、第二のエルナンは彼の驚くべき出自(?)によって科学を指し示してもいる(それは神秘でもあるが)。似ても似つかないふたりの男は、だからこそ同じ名前なのだ。

これもわかりやすさと言っていいのかもしれない。『メモリア』においては、どれを取っても科学と神秘が複雑かつ甘美に絡み合っていたアピチャッポン・ウィーラセタクンの映画の中でも、かつてないほど明快に両者が共存している。アピチャッポンにとっては、メモリアとはシネマの別の呼び方でしかない(もしもジル・ドゥルーズが今も生きていたら、アピチャッポンの映画をどう観るだろうか?)。

『メモリア』を、アピチャッポン・ウィーラセタクンの「集大成」と呼ぶのは、おおよそこのような理由による。たぶんそれは『映画』というタイトルでもよかった。あるいは『世界』でも。

初出=『ユリイカ』2022年3月号、青土社、二〇二二年

リアリズムの内破——伝説前夜のタル・ベーラ

あのおそるべき超大作『サタンタンゴ』（一九九四）以前のタル・ベーラの監督作品は、長編のみを挙げると全部で五本ある（テレビ映画『マクベス』（一九八二）を入れると六本。そのほかに数本ずつの短編やドキュメンタリーがある）。その内、デビュー作『ファミリー・ネスト』（一九七七）、第二作『アウトサイダー』（一九八一）、『サタンタンゴ』の前作に当たる『ダムネーション／天罰』（一九八八）の三作が日本初公開されることになったわけだが、今のところ未公開の第三作『プレハブの人々（Panelkapcsolat）』（一九八二）、第四作『秋の暦（Őszi almanach）』（一九八五）も含め、タル・ベーラの文字通りの「伝説前夜」について幾らかのことを述べてみたいと思う。

『サタンタンゴ』以降のタル・ベーラしか知らなかった観客（私もそうだった）は、初期の作品を観ると驚くのではないか。長編第一作『ファミリー・ネスト』は、ソ連の強い影響下にあった当時のハンガリーの首都ブダペストで、貧困と住宅難のせいで夫の両親と同居している若い夫婦の関係が、兵役を終えた夫が家に戻って以後、音を立てて崩れ果てていくさまを、粗々しくも瑞々しい16

ミリフィルムによって描き出した作品である。純然たるフィクションだが、まるでインタビューのような長いモノローグ（や、それに近い切り返しを欠いた長台詞）が随所に配されており、手持ちで自在に動き回るカメラとともに、ドキュメンタリーかと錯覚してしまうほどのリアルさを湛えている。物語の中心である夫婦のみならず、登場人物はいずれも裏面と歪みを隠しており（夫とその弟のレイプ、夫のアルコール中毒、舅《しゅうと》の偽善、妻の不貞?など）、次第にそれらがさらけ出されてゆくさまが、淡々としているだけにかえって戦慄的だ。鮮烈なデビュー作と言っていいだろう。全編にみなぎるヒリつくような生々しさは、ネオレアリズモや初期のヌーヴェルヴァーグを彷彿とさせる。

『アウトサイダー』は、何とカラー映画である。色のついたタル・ベーラの世界なんて想像し難いかもしれないが、主人公が弾くヴァイオリンの調べや長いダンスシーンなど、のちの作品と共通する要素がすでに幾つも見出せる。タイトルの通り、社会不適合者の青年の物語である。彼は適当な仕事ぶり（だが患者からの人気は高かった）で看護士をクビになってから、定職に就かないまま結婚することになるが、妻になる女性とは別に婚外子（?）がいて、騙されているのかもしれないのに養育費を負担している。お人好しと無法者の両面をあわせ持った主人公の複雑なキャラクターが魅力的だ。背景にあるのは前作同様、ハンガリー社会で生きることの厳しさである。酷薄《こくはく》な現実を描きつつも躍動感に満ちたシーンが何度も不意撃ちのように訪れる、痛ましくも清新《せいしん》な青春映画である。

『プレハブの人々』を私は未見だが、映像はモノクロに戻っており、インターネット上の資料や動画サイトにアップされたフッテージなどを観る限り、『ファミリー・ネスト』と同じくけっして裕福ではない夫婦の物語のようである。やはり『ファミリー・ネスト』と同様、手持ちカメラを駆使したドキュメンタリータッチで撮られている。このあと、タル・ベーラはハンガリー国営放送の依頼でシェイクスピアの『マクベス』をテレビ映画として監督する。だがこの作品、取り憑かれたように台詞を喋り続ける俳優の顔のアップを一時間以上の長回しで撮った途轍もない実験作なのだ。この作品もカラーだったが（テレビなので当然かもしれないが）、次の『秋の暦』もカラー映画である（これ以後のタル・ベーラの作品は全てモノクロ）。だが、色彩設計は『アウトサイダー』とはかなり異なっている。全編が女主人公の屋敷の内部で展開されるサイコスリラー的な室内劇であり、原色に近い人工的な照明や美術はサイケデリックとさえ言える。タル・ベーラのフィルモグラフィーの中でもとびきりの異色作であり、密室的・演劇的な演出は『マクベス』からの流れもあったのかもしれない。

そして『ダムネーション／天罰』。『サタンタンゴ』へと繋がる飛躍と変貌の一作である。脚本のクラスナホルカイ・ラースロー、撮影のメドヴィジ・ガーボル、音楽のヴィーグ・ミハーイ、出演のセーケイ・B・ミクローシュは『サタンタンゴ』と共通している。時間から見放されたかのような荒れ果てた町で、ひとりの男がひとりの女に狂おしく恋慕し、運命を狂わせてゆく。いわゆる「ファム・ファタールもの」だが、犯罪と陰謀と不倫が暗鬱に絡み合いながら空虚な地獄へと辿り着くラストは、さながら寂れた都市を舞台にしたハードボイルドな暗黒恋愛映画の趣である。

『サタンタンゴ』に直接連なるサブテーマとしては、「監視」という要素が挙げられるだろう。『サタンタンゴ』には「誰かが誰かをこっそり見ている」場面がやたらとあるが、この作品においてもまた、男は女を、あるいは別の男を監視している。誰かを密かに見ている人物の後ろ頭を捉えたショットは『サタンタンゴ』にもたびたび登場する。それからもうひとつ、緩慢に、だがいかにも意味ありげに移動を続けるカメラワークも、この時点でほぼ完成している。特に印象的なのは横移動で、ときには複雑な軌道を描いて前後に回り込んだり、一旦静止してから逆戻りしたりしながら、ゆっくりと、そこで演じられているドラマとは別の論理に支えられているかのように（だが明らかに何ものかの意思を帯びて）動き続けるカメラの存在感は、初期の作品とはもはやまったくと言っていいほど違っている。

『サタンタンゴ』以後の長編は、『ヴェルクマイスター・ハーモニー』（二〇〇〇）、『倫敦から来た男』（二〇〇七）、最後の監督作品とされている『ニーチェの馬』（二〇一一）である。興味深いことに、『ファミリー・ネスト』から十七年後、『ニーチェの馬』の十七年前と、『サタンタンゴ』が、見事なまでにフィルモグラフィの中間点－結節点に位置していることがわかる。ではタル・ベーラは、『ファミリー・ネスト』から『サタンタンゴ』へと向かう「伝説前夜」において、いかなる変貌を遂げたのだろうか？

初期作品では、人物たちが激しい口論を繰り広げたり、誰かが感情を露わに声を荒げたりするエモーショナルなシーンが多々見られる。そしてそのような事態を招き寄せているのは、疑いなくハンガリーという国と、その社会の困難な生の実態である。タル・ベーラはそのリアルを鋭く直視したがゆえに当局の不興を買いもしたのだった。そしてそうした「持たざるひとびと」の言動を捉えるカメラワークもドキュメンタリーさながらの、すなわちリアリズムの原理で動いていた。

だが作品を追うにつれて、そこに変容が生じてくる。登場人物は次第に寡黙になり、静謐なシーンが増え、画面はより暗く、黒く、重々しくなっていく。カメラの動きも誰かのアクションや表情を逐一捉えるアクティヴなスタイルから、厳密な映像設計に基づく絵画的なものに変わってゆく。もちろん、たびたび挟まれるダンスや演奏の場面は映画をいっとき沸き立たせるし、『サタンタンゴ』にだって賑やかな場面や笑える場面はあった（だからタル・ベーラの「変貌」は『ニーチェの馬』で完成したのだと言ってよい）。けれどももしかし『ファミリー・ネスト』と『ダムネーション／天罰』を並べてみれば、その不可逆的な変化は一目瞭然だろう。だが、この二作は十年ちょっとしか離れていないのだ。

ではこのあいだに、タル・ベーラには何が起こったのか？

それは「リアリズムの内破」である。実のところタル・ベーラの視線は、その視線の先にあるものは、何も変わってなどいない。それは相変わらず、ハンガリーの現実であり、世界の現実であり、人間どもの現実である。タル・ベーラは最初から現在まで、徹底してリアリズムの映画作家なのだ。だが、それゆえにこそ、彼はいわば「現実＝リアル」を抉り出すために「リアリズム」から離陸し、芸術至上主義的と思われかねないような、極度に美学的な方向へと向かった、向かわざるを得なかったのだ。リアルを描くために、リアリズム自体が――リアルの圧に耐えられなくなった結果として――内側から崩壊し、ほとんど幻想的と言ってもいいアンリアルなものに変容してしまうこと。それがタル・ベーラの「伝説前夜」に刻印された道程である。

だがそれは断じてファンタジーではない。タル・ベーラは「今、ここ」しか相手にしていない。

初出＝『タル・ベーラ 伝説前夜』パンフレット、ビターズ・エンド、二〇二二年

ヴィム・ヴェンダースの修行時代
――惑る映画監督のまわり道

初めて観たヴェンダースの映画は、『まわり道』（一九七五）だったか『さすらい』（一九七六）だったか、あるいは『都会のアリス』（一九七三）だっただろうか？　いや、たぶん『まわり道』だったと思う。『パリ、テキサス』（一九八四）の公開より前のことだ。渋谷の今とは別の場所にあったユーロスペースで観た。今挙げた三本はいずれもリュディガー・フォーグラーが主演している。順番はともかく自分はこれら三作を近い時期に観たのだった。『さすらい』はさすらう映写技師の話だし、『都会のアリス』は少女アリスと旅する話だが、では『まわり道』はどんな話だったのかというと、フォーグラーの何を考えているのかわからない奇妙に空疎な表情（それは『さすらい』とも『都会のアリス』とも違っていた）が頭に浮かぶだけで、ぜんぜん思い出せないのだった。その後も何度も観直しているが、それでもストーリーはすぐ忘れてしまう。この作品はゲーテの『ヴィルヘルム・マイスターの修業時代』（一七九六）を下敷きに、今やノーベル文学賞作家であるペーター・ハントケがシナリオを執筆しているが、だからといって物語が殊更に印象深かったわけではない（というかハントケの作風からすると逆だろう）。だが、にもかかわらず、むしろ記憶がおぼろげであるがゆえにこそ、私は「初期ヴェンダースで何が好き？」と問われたら、決まって『まわり道』と答えてきたのである。

周知のように『都会のアリス』、『まわり道』、『さすらい』は「ロード・ムービー三部作」と呼ばれている。つまりこれらは「旅＝移動」を描いた映画である。『まわり道』の物語の（私だけかもしれないが）覚えてられなさは、そこでの「旅＝移動」の目的の曖昧さ、いや、目的のなさに起因するのだと思われる。『都会のアリス』の主人公は成り行きでアリスをアメリカからアムステルダムまで連れていかなければならなくなる。『さすらい』の男は各地の映画館を廻って映写機を修理している。だが『まわり道』の作家志望の青年ヴィルヘルムは、なかなか芽が出なくて煮詰まり切っていたところに、同居していたおばからとつぜん「旅に出なさい」と言われる。おばは「自分を追いつめるのよ。作家になろうと思ったら、憂鬱と不安感は失わないほうがいいの」と続ける。こうして何だかよくわからないままヴィルヘルムは旅立つのである。

あれ？　覚えていないのじゃなかったの、と思われるかもだが、もちろんこの原稿を書くためにあらためて観直してみたのである。ヴィルヘルムの「旅＝移動」のあり方は『都会のアリス』とも『さすらい』とも違っている。それは、要するに「自分探し」である。そもそもゲーテの小説はビルドゥングス・ロマン（教養小説）すなわち主人公がさまざまな経験を経て成長／成熟していくさまを描く物語形式の嚆矢とされており、だからそういう話なのだといえばそれはそうなのだが、映画が結末を迎えてもヴィルヘルムの旅が彼を一般的な意味で「成長／成熟」させたとは思えない。確かに彼は他者を知り、愛も知るが、それでもヴィルヘルムは物語の始まりからほとんど変わっていないように見える。そのことはラストの台詞に出てくる、映画の題名でもある「まわり道」に明確に示されている。

ドイツ語原題は『Falsche Bewegung』、英語だと『The Wrong Move』であり、これを「まわり道」としたのは絶妙なセンスだと思うが、直訳では「間違った移動」なので、ややニュアンスが異なる（結果的にまわり道になるが）。「まわり道」といえば、エドガー・G・ウルマーの監督作に、こちらはそのものズバリの『Detour』（一九四五）という映画があるが、おそらく先にヴェンダースの『まわり道』が公開されていたせいで（製作はウルマーのほうが三十年も前だが）、邦題は『恐怖のまわり道』にされてしまった。

ヴェンダースの映画はThe Wrong MoveであってDetourではない。このことにこだわるのは、まわり道＝迂回というと最後の最後には目的地に着ける気がするが、ラストシーンに至っても、明らかにヴィルヘルムはどこにも辿り着いてはおらず、むしろ間違った道ばかり選んでしまう自分を再確認することで終わっているからだ。彼の人生の目標が作家になることなのだとするならば、物語の結末で、その端緒が示されるわけでもない。ヴィルヘルムがこのあと作家として大成出来るのかどうかは、彼自身にも、観客にも、まったくわからない。

そして、そこがよいのである。『まわり道』を撮ったとき、ヴェンダースは三十歳にもなっていなかった。すでに何作も監督作があったとはいえ、彼はまだ「あのヴィム・ヴェンダース」にはなって（なれて）いなかった。どう見ても、ヴィルヘルムはヴェンダースの鏡像である。いわばヴェンダースは、自分を追いつめるために、憂鬱と不安感を失わぬことで真の映画作家になるために、この映画を作ったのである。そして彼は、続く『さすらい』で、より確かなものを摑むことになる。

もちろん、更にそのあと、あの愛すべき『アメリカの友人』（一九七七）を経て、ヴェンダースが彼にとって初のアメリカ映画だった『ハメット』（一九八二／一九七八年に撮影が開始されるも度重なる制作中止により製作が遅れた）で辛酸を舐め、そのことが『ニックス・ムービー／水上の稲妻』（一九八〇）と『ことの次第』（一九八一）という二本の「映画についての映画」を生み出し、そしてそうした経験全てが繫がりあって『パリ、テキサス』が誕生するということを、私たちは知っている。だからやっぱり、まわり道はしたものの、進む方向は間違っていなかったのだ。

いや、彼は一度もまわり道などしていなかったのだ。

初出＝『ヴィム・ヴェンダース レトロスペクティブ ROAD MOVIES／夢の涯てまでも』パンフレット、東北新社、二〇二一年

ロマネスクの起動——劇映画作家としての伊藤高志

あの衝撃的なデビュー作『SPACY』（一九八一）から四十年余、伊藤の作風は強固な一貫性を保ちつつも少しずつ変化してきた。とりわけ二〇一〇年代以降の三作品、『甘い生活』（二〇一〇）、『最後の天使』（二〇一四）、『零へ』（二〇二一）は、伊藤の新たな、あるいはこれまで必ずしも前面化されていなかった隠された一面を露わにしたと言ってよい。それは上映時間が二十三分、三十三分、七十二分と、どんどん長くなっていることからもわかる。一作を仕上げるのに非常に手間暇が掛かるタイプの実験映画の作り手であった伊藤の作品は、これまでは数分間の長さのものが多く、十分を超えることさえ珍しかった。だが『零へ』に至っては堂々たる長編になっているわけで、この変化は見過ごせない。

この次第に伸長する上映時間の主な理由は、或る種の物語性だと私には思われる。そう、いわば伊藤高志は、ここへきて「劇映画作家」へと変貌しつつあるのだ。ではそれは、いかなる「劇映画」なのだろうか？　本稿は、この点に焦点を絞った小論である。

『甘い生活』、『最後の天使』、『零へ』は、一種の三部作と捉えることも可能と思えるが、かといって内容上の繋がりは——表面的には——ほとんど感じられない。そして「劇映画」といっても、ストーリーや人物設定が明示されるわけではない。なにしろ『甘い生活』と『最後の天使』にはまったく台詞がなく、『零へ』も最初のふたつのドキュメンタリー／インタビューパートが終わり、ドラマ（?）パートに入ると台詞はなくなってしまう。したがって観客は「物語」を映像と言葉を欠いた音響の連鎖から各自勝手に読み取るしかないのだが、そこで浮かび上がってくるのはいずれもミステリアスで禍々しく、だが魅惑的な世界である。

台詞がないだけでなく、意図的に隙間の多い、確信犯的に不親切なナラティヴからいわゆるあらすじを抽出するのはほぼ不可能だが、誤読を覚悟でごく簡単に記してみると、『甘い生活』はハンマーを下げた金髪パーマのウィッグで白シャツの女と金髪ボブのウィッグで喪服姿の女の謎めいた行動が並行して描かれてゆき、一瞬交錯する。とつぜん、喪服の女が三人目の女に轢き逃げされ、世界（のイメージ）は散逸し崩壊する。『最後の天使』では、友人（恋人?）の女性の亡霊（?）に取り憑かれた女のエピソードと、バットで追い剝ぎをしていた青年がホームレス（?）の若い女から銃を奪うエピソードが交互に語られ、ラストでどちらもドラマチックなクライマックスを迎える。そして『零へ』は、古風な一軒家に住む窃視症の老人が亡霊たちに幻惑されるストーリーラインがあり、メガネの女子学生が女友だちと映画（?）の撮影をしているが、実は友だちは実在していない（死んでいた?）ことがわかる前半と、同じくメガネのもう少し年を取った女が街を徘徊しながら自分のドッペルゲンガーと出会う後半のエピソードが、そこに重ねられる。更に冒頭には舞踏家である老人のドキュメンタリーと撮影後の女子学生へのインタビューが置かれている。

三作に共通するのは正体不明の暴力／破壊衝動と、不在の女の記憶と回帰／現前、幻視と虚実の混乱といった要素だろうか。ホラーとスリラーと恋愛映画と幻想映画とドキュメンタリー映画と、そしてもちろん実験映画の、複雑にしておそろしく豊かなアマルガム、三作品はそのようなものになっている。

実験映画からフィクションへ、という展開といえば、伊藤の師である松本俊夫のことを思い出さないわけにはいかない。とりわけ松本の最初の劇場公開長編劇映画である『薔薇の葬列』（一九六九）は、伊藤の三作に強い影響を及ぼしていることはすぐさま見て取れる。非日常性、クィア性、語りの断片性、仮装や変装への関心、猟奇的な志向などなど、伊藤と松本に共通する要素は数多い。しかしあまりにも歴然とした師弟関係をここで追認しても意味はないだろう。

松本俊夫のほかに私が三本の映画を観ながら思い出したのは、鈴木清順である。清順映画の或る傾向を伊藤は強く受け継いでいると私には思われる。そしてそれは映画が映画であるということ、いわば「映画の映画性」に深くかかわっている。更にそれは、実験映画作家としての伊藤高志と劇映画作家としての伊藤高志を繋ぐ線でもある。だがこのことを述べるためには、やや回り道をしなくてはならない。

映画は平面である。そこにどれほど広がりや奥行きが映し出されているとしても、映画の本体

（?）である画面それ自体は、実際にはペラペラの矩形の平面以外の何ものでもない。もちろんここには、二次元に三次元を閉じ込めようとする根本的に不可能な営み／試み、絵画から写真へと受け継がれてきたやみくもな野心が、映画というメカニズム／テクノロジーによって推し進められたという歴史的経緯があるわけだが、こんなあまりにも当たり前の事実をなぜわざわざ述べるのかといえば、ほかでもない、伊藤高志という映画作家が、映画の「平面」性を嫌悪、いや憎悪していると思えるからだ。

伊藤のデビュー作『SPACY』は、膨大な写真のコマ撮りによって無限とも思える奥行きを仮構した作品だった。つまりそれは無数の平面＝静止画像の連続による平面上の偽の運動という「映画」の原理そのものをシミュレートしたものだった。コマ撮りほど「平面」としての「映画」の本性をさらけ出すものはほかにない。立方体の六面に写真を貼ってコマ撮りした『BOX』（一九八二）も、建物の柱を軸にふたつのポジションの写真を巧妙に接合した『DRILL』（一九八三）も、全てというわけではないが、伊藤の初期作品はいずれも「映画の平面性」を潜在的なテーマにしていた。

言い換えればそれらは、平面がいかにして空間性を持ち得るのか、そしていかにして運動性を持ち得るのか、という欲望に支えられていた。裏返して言うならば、そこには結局のところ平面の連続でしかない「映画」なるものへの不満（?）のようなものが存在していた。あの手この手を用いて、尋常ならぬ労力と時間を費やして伊藤が驚異的な映像を造り上げたのは、映画が平面であることへの違和感に支えられていたのだ。今から思えば、そこには一種の倒錯が垣間見える。なぜ、映画は現実とこんなに異なっているのか？　それはむろん、なぜ、現実は映画とこれほど違うのか、ということでもあったのだろうが。

映画の「平面性」への異和、それは紛れもない「映画の映画性」への異和でもあった。それが伊藤高志を映画づくりへと向かわせたものであり、同時に彼に立ちはだかり続けた壁でもあった。平面に虚の奥行きや裏面を生成しようとする彼の目論見は、非デジタルな、ハンドメイドの知覚的／視覚的なスペクタクルとして次々と実現された。これこそ驚くべきことと言っていいと思うが、それから長い月日が流れ、実写がメインとなった現在に至っても、伊藤の「平面性」への異和、嫌悪、憎悪は持続しており、それどころかますますきわまっている。

『甘い生活』には写真（コマ撮りされており、その中で女が動いている）をナイフで突き刺すシーンがあるし、明らかにスクリーンの隠喩である白いシーツを切り裂く場面も存在する。『最後の天使』や『零へ』の姿見＝鏡や『最後の天使』で印象的に使われる曇り硝子も、そこにある実体としての人体を平面的なイメージに落とし込む装置として機能している。だがこれら二作品を踏まえて『零へ』で徹底的に追究されたと思われるのが、映画の「平面性」が「映画」にもたらした重大な特徴＝条件の帰結としての技法、いわゆる「切り返し」である。そしてこの点こそが伊藤高志を鈴木清順に接続しているのだ。

なぜ「切り返し」が「平面性」とかかわっているのか。かつて蓮實重彥が小津安二郎の映画について述べた名高い一節を引用しよう。

瞳は可視的な対象だが、見ること、つまり視線というものは絶対にフィルムには写らないのである。そこで、あたかも何かを見ているような視線というものは、画面から消滅せざるをえない。見ることとは、映画にあっては、納得すべきことがらであり、視覚的な対象ではないのだ。それ故、キャメラは凝視しあう二つの存在に対してはどこまでも無力であり、この現実を物語に置きかえるほかなくなる。つまり、まず、相手を見ている者が示され、それに続いて、その視線の対象でもあり、同時に見返してもいるいま一人の人間の画面を示さざるをえない。もちろん、人物たちの配置を工夫すれば、彼らが見つめあっているという状態を示すことも可能だが、小津は、もっぱら構図＝逆構図の切り返しショットによってこの関係を描くことに固執した。そのとき、瞳に対しては瞳だけが対置されるという奇妙な空間が出現するのだ。しかも、その空間では、視線はどうも交わりあっているように見えないのだ。

（蓮實重彥『監督 小津安二郎〔増補決定版〕』、筑摩書房、二〇一六年、一八三頁）

このことはむしろ写真に置き換えてみれば理解しやすい。カメラは対面するふたりの人物を正面から一枚の写真に収めることは出来ない。それはどうしても二枚の写真になってしまう。これが映画の「切り返し」にそのまま受け継がれているのである。蓮實は小津映画の「切り返し」に「交わらない視線」を見出したわけだが、視線の問題とはまた別に、三次元の世界を二次元＝平面に落としこもうとする無理が、この条件を導き出しているのだ。だが、この条件＝限界をいわば逆手に取ることで、映画は現実には在り得ない途方もない可能性を有することになった。それは「切り返し」という断絶した連続が映画に時空を超えることを可能にする、という可能性である。そしてこれを大胆不敵にやってみせたのが鈴木清順だった。

そもそもショットが切り替わるごとに映画の中の時空間は断線しているわけだが、場面転換や回想のようなわかりやすいことではなくとも、一定の持続において映し出される出来事であっても——ワンシーンワンショットでない限り——そこでは実際には複数の時間が接合されている。それがもっともクリアに出てしまうのが「切り返し」である。それは見ているものと見られているものの同時／同所性を偽装する技術であるからだ。しかし、ということはつまり、誰かが何かを見ているショットが置かれ、次にそのときその場とはまったく異なる時空間の光景が置かれても、そこには連続性あるいは同時性が生じることになる。

このパラドックスを清順はさまざまに利用した。つまり切り返しによって現実なら絶対にあり得ない時空の跳躍が可能になるのである。清順映画のしばしば唖然とするほど唐突な画面の展開は、この論理に支えられている。清順的な異様な「切り返し」はごく初期の作品から見られるが、それがもっとも効果的に多用されているのが『ツィゴイネルワイゼン』（一九八〇）であることは間違いない。そこでは人物同士の切り返しが、映画内の現実と異界を自由自在に通底させていた。

私の考えでは、伊藤高志は鈴木清順が切り開いた「切り返し」の可能性を最大限に利用しようとしている。そしてそれは、彼が「映画の平面性」にこだわり、憎悪しつつも問題にし続けてきたプロセスの帰結でもある。すでに最初期の『GHOST』(一九八四)などには物語性《ロマネスク》のようなものの気配が濃厚に漂っていたが、その時点ではまだ視覚効果のほうが上位にあった。だがしかし、ここへきて伊藤は「映画の平面性」への挑戦の意志を保ちつつ、鈴木清順が拡大解釈してみせた「切り返し」という技法を物語性のエンジンに転用することによって、劇映画作家へと変身しようとしているかのようなのだ。

『零へ』には、そのような伊藤高志の現在が鮮やかに、瑞々しく刻印されている。この作品には、見るものと見られるものの虚構の遭遇としての「切り返し」が幾つも存在する。何かを見て驚愕した顔が映り、次に何かが映されれば、そこにはたとえば恐怖が立ち現れる。凶器を振り上げたショットと、防ごうとする姿が切り返されるなら。そこには暴力や殺戮の空気が立ち込める。見つめる人物と見つめられる人物、見つめ合うふたりの人物が描かれるなら、そこには何かしらのエモーションが立ち上がる。映画の後半、あとから登場した女は自分自身の分身＝映像――それはおそらく彼女の過去や未来の姿である――と切り返しによって何度も遭遇し、しまいにはほかの登場人物たちとも、どこまでいっても平面のイメージでしかないショットの連続によって思いがけず出会うことになるのだ。そうして、ロマネスクが起動する。

そしてそれは伊藤高志が、そもそもの始めから「映画の映画性」に憑かれてきたからなのだと私は思う。惑る意味で、彼がフィクションのほうへ、劇映画的な方向へと俄かに赴きつつあるように見えるのは論理的な必然なのだ。ことによると私たちは、今、ひとりのまったく新しい映画作家の誕生を目撃しつつあるのかもしれない。

初出＝『伊藤高志特集２０２２『零へ』＋傑作過去作品集』パンフレット、ダゲレオ出版、二〇二二年

映画は存在しない——マルグリット・デュラスの映画論

映画を見つけたのかどうか、分からない。でも、映画をつくった。
——M.D.

1．デュラス紋切型辞典

マルグリット・デュラスが遺した作品、いや、マルグリット・デュラスそのひとについて語ろうとするとき、われわれはしばしば、いや、ほとんど常に、幾つかの紋切型に囚われてしまう。テクストであれシネマであれ、デュラスが生み出した作品、デュラスそのひとのことを考え始めた途端に、すぐさま幾つもの互いに連繋し合った鍵語《キイ》が絡まってきて、思考はそれら抜きには一歩も先に進まなくなり、多少いい線まで行けたとしても、結局は収まるべきところに収まることになる。しかも、実際のところそれは間違っているわけではないので、言ってしまえば実にありきたりな、凡庸きわまりない結論に、いつものごとく落ち着くのだとしても、それで特に困ることはないのだ。

だが、デュラスがこの世を去って（一九九六年没）から四半世紀になろうとする今、たまたま彼女が監督した映画を何作かまとめて観ることが以前よりも少しばかり容易になったからというだけの理由で、こうして論らしきものを綴り始めた自分としては、出来るならばどうにかして、そのような今や歴史的に正当化された紋切型を回避しつつデュラスを考えられないだろうか、という目論みというか、ささやかな野望（！）を抱かざるを得ない。

とはいえ繰り返しになるが、それらの紋切型はぜんぜん間違いではなく、むしろ明らかに正鵠《せいこく》を射ているのだから、それなりに頑張ってみたとしても、せいぜいが現在流通している紋切型群の別の形容や文飾を捻り出すくらいなのではないか、という不安は拭えないし、おそらくこれもそうなるだろう。でもとにかく、やってみよう。

ではまず、デュラスをめぐる紋切型とは、どのようなものか。思いつくままに挙げてみるならば、ざっとこんな感じだ。

記憶
忘却
不在
不能
不毛

無為
愛
狂気
死
情熱
退廃
倦怠
破壊
彷徨
声

などなど。これらの語が、ときにほとんど無自覚のように何気なしに、ときに括弧に収められてあからさまに強調されたりしつつ、デュラスを論じる言葉たちに埋め込まれている。

そして三たび繰り返すが、それらはまったくもって正しい。ならばその正しさに、まずは乗っかってみることにしたい。具体的な作品、ここでは主にデュラスの映画を観直してみることによって、紋切型の正しさの隙間を、そこにある余白を見出せるかもしれないと思うからだ。

作家マルグリット・デュラスが映画とかかわりを持つようになったのは一九五〇年代後半のこと

である。第二次世界大戦中の一九四三年に『あつかましき人々』で小説家デビューを飾ったデュラスは、ゴンクール賞候補に挙げられた『太平洋の防波堤』（一九五〇）以後、作家としての名声を確立したが、まずは同作をルネ・クレマンが『海の壁』（一九五七）として映画化する。続いて八歳年下の映画作家アラン・レネに脚本を依頼され、『二十四時間の情事／ヒロシマ・モナムール』（一九五九）が発表される。レネの長編第一作であり、彼はこの映画とアラン・ロブ＝グリエに脚本を依頼した第二作『去年マリエンバートで』（一九六一）によって国際的な評価を受けることとなった。次いで第14回カンヌ国際映画祭でパルム・ドールを受賞したアンリ・コルピ監督の『かくも長き不在』（一九六一）の脚本を手掛け（ジェラール・ジャルロと共同）、その後も『モデラート・カンタービレ』（一九五八）をピーター・ブルックが『雨のしのび逢い』（一九六〇）として、『ジブラルタルの水夫』（一九五二）をトニー・リチャードソンが『ジブラルタルの追想』（一九六六）として、『夏の夜の10時半』（一九六〇）をジュールス・ダッシンが『夏の夜の10時30分』（一九六六）として映画化していく。

デュラス本人の監督作品は、自身の戯曲（一九六五）をポール・セバンと共同監督した『ラ・ミュジカ（冬の旅・別れの詩）』（一九六六）が最初で、単独ではテクスト（原作）と相前後して発表された『破壊しに、と彼女は言う』（一九六九）が第一作である。『黄色い太陽／Jaune le soleil（『ユダヤ人の家』（一九七〇）の映画化）』（一九七一）、『ナタリー・グランジェ／女の館』（一九七二）、『ガンジスの女』（一九七二-三）と続き、監督作の中で突出して有名な代表作『インディア・ソング』（一九七四）に至る。日本で発売されたBlu-ray BOX（IVC、二〇二〇）には『インディア・ソング』のほか、『ヴェネツィア時代の彼女の名前』（一九七六）、『バクステル、ヴェラ・バクステル』（同）、『トラック』（一九七七）、『船舶ナイト号』（一九七九）の五つの長編が収められている。デュラスの映画は、これまで『インディア・ソング』と『アガタ』（一九八一）しかソフト化されていなかったので（特集上映などで観る機会があった作品もあるが）、画期的なリリースと言えよう。デュラスが監督した映画は全部で十九本あるが、日本で上映されたことのない作品も含め、そのほとんどを動画サイトを少し探せば見つけられることをつけ加えておく。

『インディア・ソング』の背景は錯綜している。まず小説のほうから述べるなら、『ロル・V・シュタインの歓喜』（一九六四）、『ラホールの副領事』（一九六六）、『ヴィオルヌの犯罪』（一九六七）、『破壊しに、と彼女は言う』、『ユダヤ人の家』、『愛』（一九七一）といった、映画の発表以前に書かれた複数の作品が、設定や物語、登場人物の次元で直接／間接に『インディア・ソング』と関係している。また映画のほうも、『ガンジスの女』と、あとで詳しく触れるように『ヴェネツィア時代の彼女の名前』は『インディア・ソング』の姉妹作である。ここに挙げた作品以外にも、細部における連関や仄めかし程度であれば、何らかの意味で『インディア・ソング』と繋がりを見出せる作品はテクスト／シネマを問わずほかにも多数あり、見方によってはデュラスの作品の全てがひとつの世界をかたちづくっていると考えることも出来そうではある。

とは言うものの、同時に厄介なのは、これらの作品を読んで／観てみればすぐにわかるように、それぞれの——エクリチュールとイマージュの——舞台で起こることを完全に同一線上で理解することもまた明らかに困難なのだ。人物や土地の名前が微妙に変形されていたり、語られる出来事がズラされていたり、しかもそうした差異は意図的な計算や知略に基づくものというよりも、あたかもまるで、同じことを語ろうとしてもなぜか違ってしまう、あるいは、異なる話を語っているつもりなのにいつの間にか似てきてしまう、かのようなのだ。

では『インディア・ソング』を中心とする「物語」とは、どのようなものなのか。出来るだけ簡略化して述べてみるなら、それは次のような一連の出来事である。フランス領インドシナの架空の土地「S・タラ（『ロル・V・シュタインの歓喜』ではS.Thala、『愛』ではS.Tahla）」で生まれ育った若きロル・V・シュタインは、タラの「T・ビーチ」のカジノで催された舞踏会で婚約者のマイケル・リチャードソンを年長のインドのフランス大使夫人アンヌ＝マリー・ストレッテルに奪われ、そのショックから精神に異常を来す（『ロル・V・シュタインの歓喜』）。『インディア・ソング』の「原作」とも看做せる『ラホールの副領事』はアンヌ＝マリーのその後を描いたもので、舞台はインドのカルカッタ（現コルカタ）。ラホールの副領事だったジャン＝マルク・ド・Hは、自宅のバルコニーから外の癩《らい》病患者たちにとつぜん発砲して職を追われ、カルカッタの仏大使館に転勤してくる。彼はそこでアンヌ＝マリーに一目惚れするが、彼女はマイケル・リチャード（「ソン」が取れている）をはじめとする何人もの若い愛人に囲まれ、男たちに自らの肉体を与えつつ、甘美な憂鬱に覆われた退嬰《たいえい》的な生活を送っており、くたびれた中年男のジャン＝マルクには見向きもしない。副領事は不可能な愛と欲望に懊悩《おうのう》し、絶望する（彼は童貞なのだ）。副領事の物語と並行して、ラオスからカルカッタまでひとりで歩いてやってきた、発狂した女乞食の挿話が語られる。或る朝、アンヌ＝マリーは愛人たちを引き連れて海岸に向かい入水自殺を遂げる。『愛』は、おそらく更にその後の物語である。マイケル・リチャード／ソンらしき男がS・タラに帰ってくる。ジャン＝マルク・ド・Hらしき男、ロル・V・シュタインらしき女、死んだはずのアンヌ＝マリー・ストレッテルらしき女が現れるが、彼らは「旅人」や「狂人」あるいは「彼」、「彼女」としか呼ばれず、名前を剝ぎ取られている。彼女ら／彼らの朧げで危うい存在のありようは、どこか『愛』よりも前に書かれた『破壊しに、と彼女は言う』を彷彿とさせる。

あらすじだけを取ってみれば、実にドラマチックな、そしてこう言ってよければ、実に通俗的な内容であることがわかるだろう。そして、先に挙げたデュラスをめぐる紋切型の多くが、そもそもこのような物語に起因していることも知れる。しかしもちろん、それだけではない。デュラスの映画が持つ独特な形式性、その特異な方法論が、それを助長し増幅しているのだ。

2. 〈声〉の映画

『インディア・ソング』の前作に当たる『ガンジスの女』は、ほぼ『愛』の映画化と言ってよいが、小説とは別に映画のシナリオ＝テクストも出版されている。つまり小説『愛』→映画『ガンジスの女』→テクスト『ガンジスの女』という順番になっている。『インディア・ソング』のテクストは映画の公開よりも前に発表されている。従って、小説『ラホールの副領事』→テクスト『インディア・ソング』→映画『インディア・ソング』となる。これらは全て邦訳されている。映画を順番に並べると『ガンジスの女』→『インディア・ソング』→『ヴェネツィア時代の彼女の名前』となる。

『ガンジスの女』は、それ以前の『黄色い太陽』や『ナタリー・グランジェ／女の館』が、まだしも一般的な劇映画のスタイルを保っていたのに対し、新たに「オフの声」の導入という話法上の実験が試みられており、その意味でも『インディア・ソング』の前段階と言える。俳優たちも台詞を口にするが、それとは別に画面の外から「声」だけで出来事や状況を語るふたりの女性がいる。『愛』では固有名を剝奪されていた人物たちを「声」は名前で呼ぶ。「声」の主である女たちが何者であるのかは一切説明されない。また、この映画はカルロス・ダレッシオがデュラスの映画音楽を手掛けた最初の作品であり、映画の始まりと終わりに登場人物が鼻歌で唄うのは、次作の主題曲となる「インディア・ソング」の旋律である（だが後述するように、この時点ではこの曲は題名を持っていなかった）。

『ガンジスの女』のテクストには「序」と題された短い但し書きが附されており、それは映画でもオープニング・タイトルが出る前に、デュラス自身の声で朗読される。

『ガンジスの女』は二本の映画からなる。一本は映像《イマージュ》の映画であり、もう一本は〔複数の〕〈声《ヴォワ》〉の映画である。

(マルグリット・デュラス『ガンジスの女』、亀井薫訳、書肆山田、二〇〇七年、一一頁、〔 〕は著者による)

「映像の映画」は「声」の要素を除くこの映画のことであり、デュラスはそれは「予定通りの期限で撮影され」、「予定通りに編集された」と語る。問題は「〈声〉の映画」のほうである。それは「初めは予定されていなかった」という。

〈声〉の映画は、映像の映画がすでに編集され完成された後になって現れた。それは、彼方からやって来た。どこから? 〈声〉の映画は、映像に跳び込み、持ち場に浸透して、そのままとどまった。

(同、一一頁)

デュラスは、「映像の映画」と「〈声〉の映画」というふたつの映画は「完全に自律したもの」としてあり、ただ「物質的に共存している」だけだと述べる。「このふたつの映画は、同じひとつのフィルムにふたつのものとして定着され、そして同時に見られる」。これに続く部分は重要である。

〈声〉たちは、映像の映画の撮影された同じ場所で話をするが、だがそれは、カメラによって撮影され、定着された場所ではない。〈声〉たちは、互いに話をしているにすぎない。〈声〉は観客の存在を知らない。映像の解説などとは一切関係がないのである。かりに映画の他の声のようにS・タラで話しているにしても、これらの〈声〉は他の声とはどのような意味でも結びついていない。それどころかこれらの〈声〉は、普通の意味でのオフの声でもない。〈声〉は映画の進行を助けたりはしない。反対に、進行を阻害し、混乱させる。

（同、一二頁）

謎めいた記述である。先に述べたように『ガンジスの女』の時点では、画面に映っている俳優／登場人物も発話している。だが、それとは別に／それと並行して、けっして姿を晒すことのない、素性不明のふたりの女の声が、映画の中の物語について語り合い続ける。重要なことは、ここでいう「〈声〉の映画」が、『ガンジスの女』から聞こえてくる全ての声を指すものではないということだ。「〈声〉の映画」とは、顔も名前も持たないふたりの女の声のことであり、デュラスが述べているのは、台詞や環境音、ダレッシオによる音楽なども含む「映像の映画」がほぼ完成されたあとで、とつぜん、匿名のふたりの声がどこからかやってきて、予定されていなかったものとして『ガンジスの女』という映画に貼り付いた、ということなのである。デュラスはそれを「おそらく、なにか映画とは別の素材から漏れ出してきたものなのだ」と推測している。「それゆえこの〈声〉が、この映像の映画ではない、まったく別の映画に入り込むことも、おそらく可能だっただろう。ただし、その別の映画が、空っぽで、不毛で、穴だらけの作品であるという条件の下でであるが」。つまり『ガンジスの女』における「〈声〉の映画」は、それ自体として独立しており、それゆえに『ガンジスの女』ではないほかの映画にも貼り付けられることが可能である、ということだ。そして、続く『インディア・ソング』で、この「〈声〉の映画」は、同じく正体不明のふたりの女とふたりの男、計四人の声に増殖し、その代わりに画面内の俳優／登場人物たちは一言も発しなくなる。

映画作家マルグリット・デュラスの評価を決定づけた『インディア・ソング』は、どこからともなく何度となく聞こえてくるカルロス・ダレッシオの同名のピアノ曲が優美な物憂さを否応なしに高める中、物言わぬ人物たちが、活人画のような静けさを身に纏いつつ、緩慢に動き、戯れ、蠢き続ける。映像と音声のあからさまな分離という点で、映画史上、類を見ない画期的な試みとして挙げられる作品だが、ではこの作品の「映像の映画」と「〈声〉の映画」の関係はどうなっているのか。

ここで注意するべきは四声から成る「〈声〉の映画」よりもむしろ、それ以外の「映像の映画」に属する「声＝音」の要素である。まず、映画を観れば一聴瞭然なことだが、『インディア・ソング』における「声」は、姿を見せない四人のものだけではない。実際には登場人物たちの会話らしき声も聞こえてくる。しかし『ガンジスの女』と決定的に異なるのは、それらがけっして画面の人物の唇と同期しない、ということである。そればかりか、登場人物が語り合っている場面でさえ、声は聞こえているのに、人物は口を閉じたままなのだ。

『インディア・ソング』の日本版Blu-rayに附された岡村民夫の解説中に引用されている、出演者のマチュー・カリエールのインタビューによれば、こうしたシーンは、あらかじめそこで交わされる会話を全て録音したあと、撮影現場でそれを再生しながら演じられたのだという。このやり方はミュージカル映画に似ているが（いわゆるプレイバック撮影）、もちろん『インディア・ソング』の人物たちは歌うわけではない。そうまでして監督デュラスは「映像」と「声」を分離したかった、ということだ。また、大使館のパーティに集った招待客の会話やざわめきもサウンドトラックに入っているが、映画には五人の登場人物以外は出てこない。それは「原作」の『ラホールの副領事』では詳細に描写されていた女乞食も同様で、彼女の狂った叫びは何度となく聞こえるのに、その姿は一度も映し出されることはない（女乞食役の女優は存在しない）。

もう一点、『ガンジスの女』と『インディア・ソング』における「〈声〉の映画」は、デュラスが「映画の進行を助けたりはしない。反対に、進行を阻害し、混乱させる」と言っているのに反して、それなくしては物語を把握することが困難、あるいは不可能である、ということも述べておく必要がある。それはそうだろう。『ガンジスの女』ではまだしも登場人物同士のやりとりが発話も込みに残されていたが、『インディア・ソング』では最早通常の意味での「演技」らしき要素は消滅してしまっており、人物たちはぼんやりと、だが意味ありげにそこにいる／あるだけなのだから。観客が、彼女と彼たちがいかなる関係であり、ストーリーがどのように進んでゆきつつあるのかを知るのは、もっぱら画面外からの「声」たちの語りによる。逆に言えば、物語を理解するだけならば、それらの「声」さえあれば「映像」は不要なのだ。

前述したように、小説『ラホールの副領事』と映画『インディア・ソング』のあいだにテクスト『インディア・ソング』が発表されている。どうにもややこしくなってしまうのだが、その冒頭には次のような但し書きが置かれている。「『インディア・ソング』は、ロンドンのナショナル・シアターの支配人ピーター・ホールの依頼に応じて一九七二年八月に書かれたものである」。小説の次は戯曲だったのだ。だが、このテクストは映画のシナリオも兼ねている。『インディア・ソング』と題された映画とテクストの関係は、『ガンジスの女』の映画とテクストの関係と同じである。テクストの本編に先立つ「全般的注意書き」の中で、デュラスはこう述べている。

> この物語に呼び出される登場人物たちは、『「ラホールの」副領事』と題する本から移し変えられ、話法上の新しい領域に投げ出されている。したがって、彼らをもう一度元の本へ戻したり、『インディア・ソング』を『副領事』の映画的あるいは演劇的脚色と読むことはもはやできない。たとえその本のあるエピソードが、ここでほとんどそっくりそのまま繰り返されているにしても、新しい物語《レシ》への連係操作《アンシェーヌマン》が、その読みかたやヴィジョンを変えてしまっている。
> （マルグリット・デュラス『インディア・ソング』、田中倫郎訳、河出書房新社、一九九七年、一〇頁）

デュラスが、単純な意味で『インディア・ソング』を『ラホールの副領事』の映画化とは考えていなかったことがわかるが、注意しておかなくてはならないのは、ここでデュラスが言っているのは、おしなべて「小説」と「映画」は別ものだ、という意味ではない、ということである。それはたとえば、彼女の最大のベストセラー小説『愛人（ラマン）』（一九八四）と、ジャン＝ジャック・アノー監督によるその映画化（一九九二）がぜんぜん違うものであるということと同じ意味ではない。デュラスは自分のやり方の特殊性について述べているのだ。それは物語の理解にかんする「映像の映画」と「〈声〉の映画」の歪な関係を思い出してみればわかる。そして、このことがより際立ったかたちで提示されたのが、『インディア・ソング』の音声＝サウンドトラックをほぼそのまま使用し、映像のみを完全に入れ替えた次作『ヴェネツィア時代の彼女の名前』である。

　ここでいささか余談になるが、興味深い事実について記しておきたい。テクスト『インディア・ソング』の「全般的注意書き」に、次の一文がある。「『インディア・ソング』という題名を持った曲は、わたしたちの知る範囲ではまだ存在していない」。このテクストは映画『インディア・ソング』の完成前に書かれたものであり、デュラスはその後、カルロス・ダレッシオに作曲を依頼して、あの一度聴いたら忘れられない印象的な「インディア・ソング」が映画の中で流れることとなった。だがしかし、すでに述べておいたように、そのメロディは、やはりダレッシオが音楽を担当した『ガンジスの女』において鼻歌で唄われていたものなのだ。

　ということはつまり、のちに「インディア・ソング」と呼ばれることになるダレッシオの曲は、初めは無題の断片的なメロディとして『ガンジスの女』のために作曲され、追って映画『インディア・ソング』においてテーマ曲に採用（?）されたことになる。舞台版『インディア・ソング』、少なくともその初演時に、同曲が使われていたのかは未確認だが、あの名曲が最初は鼻歌だったと思うといささか面白くはある。

さて、先ほど「『インディア・ソング』の音声＝サウンドトラックをほぼそのまま使用し」としたのは、『ヴェネツィア時代の彼女の名前』は、これまでもしばしば「『インディア・ソング』のサウンドトラックを丸ごと使用」と紹介されてきたが、実際には多少の編集が施されている（特にラストの音声は入れ替えられている）からである。だが二本の映画が同一の音素材から構成されていることは確かであり、デュラスが『ヴェネツィア時代の彼女の名前』の撮影に際し、集音マイクと録音機を用意しなかったことは（たぶん）間違いない。目を閉じて観れば、二本の映画はほとんど同じである。だが、そこに映っているのは、九割が無人の、打ち捨てられ、ほとんど廃墟となった屋敷内の光景なのだ。

そこは『インディア・ソング』に出てきた屋敷のように見える（実際には違うのだが、少なくともそう見えるように装われている）。端的に言えば、『インディア・ソング』の舞台が何十年ものときの経過によって無惨に荒廃してしまったかのようなのだ。この映画に衝撃を受けるためには、先に『インディア・ソング』を観ていなくてはならないが、この二本が映画史上稀にみる異形の「姉妹作」であることは疑いを入れない。あとにも先にも、こんなことをやってのけたのはデュラスだけだろう。『インディア・ソング』には、まだ人間の姿が映っていた。だが『ヴェネツィア時代の彼女の名前』で観客が目にするのは、誰もいない廃墟をゆっくりと移動してゆく、名手ブリュノ・ニュイッテン（のちにフランスを代表する撮影技師となる彼は『ガンジスの女』がカメラマンとしての長編デビューであり、『インディア・ソング』でもカメラマンを務めた）のカメラが捉えた、衰弱した、しかし『インディア・ソング』とはまた別種の美しさを湛えた映像なのである。

ところが、である。ここにもまた留保がつけられる。これも映画を観ればわかることだが、実は『ヴェネツィア時代の彼女の名前』では、上映時間が残り十分ほどのところでとつぜん、人間の姿が映し出されるのだ。それは窓越しに見える暗い部屋のソファに佇むふたりの女性で、ひとりは『インディア・ソング』でアンヌ＝マリー・ストレッテルを演じたデルフィーヌ・セイリグ、もうひとりは『インディア・ソング』ではオフの声のひとりを担当し、『ガンジスの女』ではロル・V・シュタイン（らしき女）を演じていたニコール・イスなのである。ふたりの女は無言で、ただひっそりとそこにいる／ある。これはいったい、どういうことなのだろうか。三作の小説（『ロル・V・シュタインの歓喜』、『ラホールの副領事』、『愛』）と、三本の映画（『ガンジスの女』、『インディア・ソング』、『ヴェネツィア時代の彼女の名前』）のダブル・トリロジーから成る（更にそれ以外の関連作品も含む）言うなれば「インディア・ソング」サーガのふたりのヒロインが、今や廃墟と化した物語の舞台で（ロル・V・シュタインがカルカッタにいるのはおかしいのだが）、これまでに起こった、あるいは起こらなかった出来事の何もかもを想起しているとでもいうのだろうか。そもそも彼女たちの正体（？）は？　その存在の様態は？　亡霊？　それとも？　何もわからないまま映画は終わってしまう（この作品がしばしば「完全に無人の映画」とされているのは、セイリグとイスが映る頃には観客が皆眠ってしまっているからだという笑えない笑い話がある）。

デュラスの映画の登場人物、デュラスの映画に映っている人物たちは、『ナタリー・グランジェ／女の館』まではほかの劇映画とさほどの違いは見られないが、『ガンジスの女』から急激に生気を、存在感を失ってゆき、『インディア・ソング』においては、ほとんど死者＝亡霊と変わらぬようになり、『ヴェネツィア時代の彼女の名前』になると、ほぼ消滅してしまう。彼女たち彼たちのイメージは、連続する三本の映画を通して次第に減衰し、代わりに立ち上がってくるのは、言うまでもなく「声」である。そしてこれ以後、デュラスの映画では「映像の映画」と「〈声〉の映画」の関係性は逆転してしまう。確かに幾つかの興味深い例外はある。だが基本的に、映像と音響の連鎖、すなわちソニマージュ（Son+Image）としてのシネマにウイルスのように侵入した「〈声〉の映画」は、あっという間に「映像の映画」を圧倒し、それからデュラスにとってシネマとは「〈声〉の映画」とほぼイコールになる。そしてそのことによって、すでにここまでの記述で多少とも露わにし得たであろうデュラスをめぐる「紋切型」もまた、より強化されてゆくことになるのである。

3. 異種の映画

そもそもマルグリット・デュラスは、どうして自ら映画を監督しようと思い立ったのだろうか？

この問いが面倒なのは、彼女が映画だけでなく、自作の舞台演出も手掛けているからである。デュラスにとって演劇という表現手段がいかなる意味を持っていたのか、何かしらの意見を述べられる知見を私は持っていない（私はデュラスの舞台の上演を観たことがない）。だが、ひとつ確実に言えるのは、デュラスは結局のところ、映画だろうが演劇だろうが、言葉の、言語の、発話と語りの、すなわち生々しい声を伴ったエクリチュールの問題として考えていたということである。

イタリア人ジャーナリスト、レオポルディーナ・パッロッタ・デッラ・トッレによるインタビューをまとめた『私はなぜ書くのか』の中で、デュラスは映画監督としてのデビュー時を回顧し、こう語っている。「わたしはすぐに「シネマ・デュラス」の枠を定めたいと思い始めました。何のおそれもなく、わたしのものである言語。そしてわたしの師たちのだれのところにも連れもどすことのない言語」。これに続くやりとりは非常に興味深い。

――「新しい」映画の可能性を信じていたのですか？

D　「別の」、であれば、そうです。それが、いまだに探求すべき部分が残っているひとつの媒体＝手段であるかのように。

――ページのうえの想念をフィルムのうえに移し替えようとするとき、最初はなにに気を配りましたか？

D　わたしは沈黙を表現したかった。生き生きとした、豊かな沈黙。人が耳にしうるなにかとして。

（マルグリット・デュラス『私はなぜ書くのか』、レオポルディーナ・パッロッタ・デッラ・トッレ聞き手、北代美和子訳、河出書房新社、二〇一四年、九〇頁）

やや唐突な連想に思われるかもしれないが、デュラスという作家は、ヴァージニア・ウルフが、あるいはジェイムズ・ジョイスが、それぞれのやり方でやったのとはまた違った仕方で、沈黙の裏に蠢《うごめ》く想念を、無言の陰の絶えざる饒舌を、読む／読める言語として浮上させようとしたのだと考えることが出来るかもしれない。本人が何度となく表明していたことだが、書かれたテクストは何らかの意味で発話される必要がある、デュラスはそう考えていた。

レオポルディーナ・パッロッタ・デッラ・トッレに「作家活動と映画監督としての活動のあいだの違い」について問われると、デュラスはこう答える。

その「外在」的な性格、共同作業、他者とともに、生のなかにいる方法……映画は、書くことのこの緊急性、この強迫観念を帯びてはいない。おそらくこう言えるのではないかしら。映画は作者をその作品から引き離す。沈黙と不在を織りこまれたエクリチュールは、作者をその作品のなかに、あともどりのできない形で投げ込む。ひとりの作家ほどに孤独なものはありません。

わたしはしばしばこの恐ろしくて、長くて、不幸な仕事から逃れるために、映画を撮りました。それでも、いつもほかのなにをするよりも、まず書きたかったのです。

（同、九一–九二頁）

デュラスが自分自身、何本も映画を監督しながら、その一方で繰り返し映画への批判とも取れるような発言を、もっと率直に言うなら映画をあからさまに侮蔑／嫌悪しているかのような発言をしていたことはよく知られている。当然、映画の側からは反論がありもしただろう。デュラスにとって一般的な意味での映画は、まったく意味を持っていない。「古典的な映画が表現する現実性が、わたしと関係をもったことは一度もありません。全てが言われすぎている、示されすぎている、意味されるものの過剰、そのなかでは逆説的に、文脈（テクストとともにあるもの）は貧しくなります」と彼女は言っている。

わたしの映画は、機能的でないもの、フィクションの表現単位にとって有機的でないものをカムフラージュしない、取り除かない。それは、引き裂き、重ね合わされるという行為。素材の絶えざるずれ、急激な逸脱、溶解。生の不均衡性と非還元性そのものを表現するこの想像の領域のすべて。

（同、九二頁）

「インディア・ソング」三部作以降も、映画監督デュラスは精力的に撮り続ける。『ヴェネツィア時代の彼女の名前』と同じく一九七六年に発表された『バクステル、ヴェラ・バクステル』と『木立ちの中の日々』は対照的と言ってよい二作である。同名の中編小説（一九五四）をもとに、劇作／舞台版が先行する『木立ちの中の日々』（映画には舞台初演と同じマドレーヌ・ルノーが主演している）は、田舎からパリに出てきた老母と彼女が溺愛する中年の息子、彼と同棲している酒場で働く若い恋人の気持ちの微妙なすれ違いを描いたもので、この映画には「オフの声」が使用されていない。舞台をそのまま映画に移植したかのような、『ナタリー・グランジェ／女の館』にも近いリアリズム的な作品である。

やはり戯曲『シュザンナ・アンドレール』（一九六八）の映画化（ただし役名や筋の展開は変更されている）である『バクステル、ヴェラ・バクステル』には『インディア・ソング』と『ヴェネツィア時代の彼女の名前』に続いてデルフィーヌ・セイリグが出演しているが、前二作とは異なり、彼女をはじめとする登場人物は台詞をちゃんと発話するし、『木立ちの中の日々』ほどではないにせよ、俳優たちは演技らしきものを披露する。正体不明の「声」も――ごく一部の例外を除き――聞こえてはこない。この映画の独特さは、まず音楽である。映画が始まってほどなく、カルロス・ダレッシオ作曲の、祭りを思わせる陽気でダンサブルな音楽がとつぜん始まる。この作品は架空の土地の森の中にある別荘を主な舞台としているが、近くに越してきた異国からの移民が日がな一日演奏しているのだといちおう説明はされるものの、そのひとらの姿が映し出されることは一度としてなく、しかもその音楽は上映時間九十五分のうち、映画の最後まで、九十分以上にわたって休みなく、無視することなど到底不可能な音量と存在感でひたすら流れ続けるのである。

冒頭のホテルのシーンで、かつての愛人の現在の妻が住んでいる別荘を訪ねてきた女モニク（セイリグ）の質問にホテルの男が答えていると、傍らで電話を掛けていた男（ジェラール・ドパルデュー）が画面に入ってくる。ホテルの男が別荘に住む女の名前「ヴェラ・バクステル」を口にすると、カメラは切り返して初めてセイリグの姿を映し出し、彼女は「バクステル、ヴェラ・バクステル」と繰り返す。その瞬間に音楽が開始されるのだが、これ以前の彼女の声はセイリグ自身のものではなく、デュラスの声なのである。

しかしイメージと声が同期して以後は、セイリグの声は本人のままとなる。恋多き夫の愛情を失いつつある女と、その男を愛した記憶を持つ女が、長い対話の果てに或る種の形而上学的な希望を見出す『バクステル、ヴェラ・バクステル』は、基本的に会話劇だが、人物たちが交わす声はたび無人のショットに重ねられ、あたかもイメージから剝奪されて宙空を浮遊してゆくかのようだ。『トラック』は『インディア・ソング』、『ヴェネツィア時代の彼女の名前』に勝るとも劣らない過激な作品である。この映画の造りはシンプルだ。郊外の道路を延々と走り続ける長距離トラック——運転者の姿はけっして見えない——の映像と、デュラスの自宅（すでに『ナタリー・グランジェ』で使われていた）で彼女とジェラール・ドパルデューがこの映画そのものについて語り合う様子が交互に描かれる。映画が始まってまもなく、ドパルデューが「映画ですか？」と問うと、デュラスは「映画のはずだった」と答える。「映画よ。そうね」。画面に登場する人物はデュラスとドパルデューだけである。自宅の撮影は何回かに分けて行われたようで、ふたりが会話する場所や時刻も段階的に変化する。ドパルデューが物語の内容や進行についてデュラスに色々と訊ね、デュラスがときに確信に満ちて、ときにはぐらかすように曖昧に答えつつ、顔を見せないトラック運転手と、彼が乗せたヒッチハイクの女性との束の間のやりとりが、徐々に紡ぎ出されていく。デュラスとドパルデューは台本らしきものを持ち、映画の中盤からは台詞を読んだりもする。ふたりの声はトラックの映像に重ねられるが、ふたつのパートは明確に交わることのないまま、映画は終わる。ちなみにこの作品の音楽はカルロス・ダレッシオではなく、パスカル・ロジェが弾くベートーヴェンのピアノ曲「ディアベリ変奏曲」である。

『トラック』は『ガンジスの女』で提示された「映像の映画」と「〈声〉の映画」という二種の映画の入れ子構造を、『インディア・ソング』、『ヴェネツィア時代の彼女の名前』とはまた異なる仕方であからさまに分割し、暴力的なまでに単純化したものと言ってよい。だが、この作品のラジカリズムは形式のみではない。ヒッチハイクでトラックに同乗する、年を重ねた正体不明の女は、かつては社会主義の理想を信じ、革命の可能性を夢見たことがあったが、今ではそこに存在する矛盾と欺瞞に幻滅し、絶望している。そこにフランス共産党への入党と離党、そして「六八年五月」には学生とともに政治運動に没頭した過去を持つデュラス自身の影を見出すのは容易い。これに限らず、デュラスの作品、より精確に言うなら、そこで描かれる女たちは、たとえどれほど抽象化され、強度の観念性を与えられていようと、デュラス自身の人生や経歴と分かち難く結びついており、虚構のヒロインたちの人物造形のオリジンは、作者そのひとのバイオグラフィにかなりストレートに求めることが出来る。そしてデュラスは、そのことを隠そうとはしていない。

『船舶ナイト号』の撮影初日のラッシュ（現像後のフィルム）を見て、デュラスはこの映画は「しくじった」と思ったという。三人の出演者（ドミニク・サンダ、ビュル・オジェ、マチュー・カリエール）がテクストを朗読するさまが撮られたが、デュラスはそれらを放棄し、代わりに彼女らがメイクアップをする様子や、台本を手に思案する姿、カリエールのピアノ演奏などを撮影し、パリ各地の印象的な風景ショットとともにひと繋がりの映像の連鎖を構成した。そしてその上にデュラス自身と助監督のブノワ・ジャコーがテクストを読む声を重ねることで、この映画を完成させた。むしろそれは、完成することのなかった、あり得たかもしれない幻の映画の、いつまでもその先へ進むことのない永遠の準備、終わりなき待機の時間を封じ込めたような作品となっている。音楽はふたたびカルロス・ダレッシオ。

この作品もテクストが出版されているが、その「著者まえがき」によれば、『船舶ナイト号』の物語は知人の青年Ｊ・Ｍから聞いた話がもとになっているという。それは次のようなものだ。Ｊ・Ｍは電話局に勤めている。ある当直の晩、彼は暇つぶしに適当な番号に掛け、電話に出た見知らぬ女性と会話を交わす。Ｆというその女性は白血病だと話す。Ｊ・ＭはＦの番号をメモしなかったので自分から電話することは出来ない。だが、それから三年間、時々Ｆから一方的に掛かってくる電話のみでふたりは関係を続け、やがてそれは特異な恋愛の様相を帯びてくる……現実にはありそうにない、だがそれゆえに現実だと言われると奇妙に納得してしまうような話である。「著者まえがき」には実在のJ・MとデュラスのやりとりのНо経緯や、Fのその後などが書かれている。もちろんデュラスは、J・Mの話をそのまま映画にすることなど最初から考えてはいなかっただろう。三人の俳優は役柄を当て嵌められるのではなく、朗読する部分の振り分けもテクストの内的論理に従うものだった。

だがデュラスは、それでさえも失敗だと思ったのである。「著者まえがき」で彼女はこう述べている。「わたしは完全に間違っていた。カット割りには根拠がなかったのだ。それにもまして、わたしは映画とは無縁だった。カット割りは存在していなかったのである」。注目すべきことは、ここでデュラスが言っているのが、『船舶ナイト号』という映画の「カット割り」のことなのか、それとも「映画」全般にかんすることなのか、必ずしも判然としないということである。おそらく、その両方なのだ。つまりデュラスはこの時点で、遂にというべきか、映画の「カット割り」なるものの根本的な無根拠性、無意味性を、はっきりと自覚したのである。そしてこれ以降、デュラスの映画は更なる変貌を遂げてゆく。

『私はなぜ書くのか』の中で、デュラスはこう述べている。「わたしがフィルムの上に復元したい内的な時間は、人が通常、一本の映画のなかで了解するような「物語」の時間とはなんの関係もありません」。デュラスの映画がカメラの不動性ゆえに「非―映画」、「反―映画」などと呼ばれることについて聞き手のレオポルディーナ・パッロッタ・デッラ・トッレが重ねて問うと、デュラスは次のように答える。

シーンの不動性は見かけだけにすぎません。平らな海面の下の潮の渦、あるいは沈黙のうしろに隠れている声たちのつぶやきのように……映画は動きだと言われます。いいでしょう。けれども、ある種の言葉、あるいは視線、あるいは沈黙は、画面のなかで闘ったり歩いたりするふたりの男と同じように動いているのです。

（同、九四頁）

「あなたにとって「真」の映画とは？」という質問への答えはこうだ。「その本質は、古めかしく、貧しく、初歩的な形態のなかにあると思います。だからこそ、わたしは映画をその表現のゼロ度、ほとんど原始の状態に導きたかったのです」。零度の映画。だがそれは、ほとんど原始の状態であるがゆえに現在の映画とは似ても似つかないものであり、映画史がその進化の階梯《かいてい》の途中でどこかに置き去りにしてきてしまった異端の映画でもある。

デュラスの映画は、この頃からしばしば「異種の映画」と呼ばれるようになる。この呼称は、もともとデュラス自身が一九七九年のイエールの映画祭でグランプリを受賞したスチュアート・パウンドの『Codex』（一九七九）について述べたものだが、その作品を評した「映画は展開されるのではなく、行為するの」というデュラスの言葉は、まるで自分の映画のことを言っているようである。

（前略）見はじめてすぐに、映画とあなたのあいだには協定が成立するのね、あなたは向こう側、その岸の方に行くの、つまりその軸は同じままでありながら、その領域があなたを支配し、今度はあなたの方がそこに入っていく。けれども映画は、そのままその軌道を行くだけ、その鋼《はがね》の軸、そのエクリチュールの軸に縛りつけられてね。（中略）あなたと映画のあいだに橋がかけられると、今度はあなた自身がその不動性の運動、その螺旋運動に縛りつけられる。あなたに対しても、同じように、それは働きかけ、そうしてその螺旋運動はあなたをその周期、その抗しがたく、しかも不動の前進のなかに引きずりこむの。

（マルグリット・デュラス『緑の眼』、小林康夫訳、河出書房新社、一九九八年、一一三頁）

『船舶ナイト号』は、危うく未完成に終わるところだったにもかかわらず、本編で使用されなかったフィルムから新たに二本の短編映画が産み出された。上映時間十一分の『セザレ』（一九七九）と十四分の『陰画の手』（同）である。どちらも風景ショットにデュラス自身の朗読が重ねられるのみで俳優は出演しておらず、人間の姿も映らない。デュラスの映画が完全に無人になったのは、実はこれが初めてである（『ヴェネツィア時代の彼女の名前』でさえ俳優は映っていた）。二作ともに音楽はエイミー・フレイマーによるヴァイオリン独奏。『セザレ』ではラシーヌの戯曲『ベレニス』（一六七〇）を凝縮したかのようなテクストが、『陰画の手』ではデュラスが二十年も前にスペインのアルタミラ洞窟を見た際の記憶をもとに、三万年のときの隔たりを超えた愛の言葉が、今や聞き慣れたあのデュラスの陰翳に富んだ声で読まれる。そしてこのスタイルは、『インディア・ソング』と『トラック』に続く映画作家マルグリット・デュラス第三の問題作（彼女の映画は問題作だらけだが）「オーレリア・シュタイネル」連作に引き継がれることになる。

4. 真っ黒な映画

「オーレリア・シュタイネル」は三つの作品から構成されている。『オーレリア・シュタイネル・メルボルン』（一九七九）は二十七分の短編映画、『オーレリア・シュタイネル・ヴァンクーバー』（同）は四十八分の中編映画で、『セザレ』、『陰画の手』と同じくデュラス自身がテクストを朗読する。『メルボルン』は河川をゆっくりと移動してゆく船上からの移動撮影がポイントを変えてちりばめられ、『ヴァンクーバー』では、空、雲、海、岩場、室内、材木置き場、駅のホーム、木立などが美しいモノクロームで捉えられる。どちらも人間の姿はない。『オーレリア・シュタイネル・パリ』はテクストしか存在しない。演技を消去し、発話を消去し、俳優を消去してきたデュラスは、遂に映像さえ消去してしまったのだ（或る意味では初期設定に戻っただけとも考えられるが）。

三つの「オーレリア・シュタイネル」は手紙形式で書かれており、十八歳の少女オーレリア・シュタイネルが、地理的／空間的に、おそらく時間的にも遠く隔てられた、けっして逢うことのかなわない、名前が呼ばれることのない「あなた」に、彼女自身の物語を語り続ける。
三つの手紙の末尾は、場所の名前以外は全て同じである。

わたしの名前はオーレリア・シュタイネルです。
わたしは＊＊＊に住んでいます。
わたしの両親は教師です。
わたしは十八歳です。
わたしは書きます（j'écris.）。

本人の全面的な協力のもとに編集された「カイエ・デュ・シネマ」一九八〇年六月号のマルグリット・デュラス特集をもとに、その後に発表された幾つかの記事を追加してつくられた書物『緑の眼』（一九八七）に、この連作にかんする文章が多数収録されている（ただし朗読テクスト自体は入っていない）。「オーレリア。彼女は現在形なの。現前してるの。『破壊しに（、と彼女は言う）』のアリッサのように。彼女たちはいつも十八歳。書くことを、オーレリアのおかげでわたしは取り戻す。彼女はそこらじゅうにいる。同時にそこらじゅうで書いている。『オーレリア・シュタイナー』のあとでは、もうなにも書くことが出来ない。わたしは書くことを失ってしまう。この生き残った少女とともに話すのでなければ、わたしは書くことを失ってしまうわ」とデュラスは言う。別のところでデュラスは「オーレリアはロル・V・シュタインの殺戮された躰から出てきた」とも書いている。シュタイン＝Steinとシュタイネル＝Steiner。三つの作品のオーレリアが同一人物なのかどうかも、はっきりしない。いや「彼女たち」とあるように、オーレリアとは呼ばれていない者も含め、これまでのデュラス作品の一連のヒロインたちが、オーレリアという「いつも十八歳」の少女に収斂する。「十八歳で私は年老いた」という有名な一文を含むベストセラー『愛人（ラマン）』が書かれるのは、この五年後のことである。

「生き残った少女」というのは、オーレリア・シュタイネルという、ひとりにして複数の存在には「ユダヤ人」の運命が重ね合わされているからである。このことはテクストに明示されており、オーレリアは自分の父母は強制収容所で死んだと語る。だが、先にも触れたように彼女は両親と一緒に住んでいるとも言う。テクストに内在するこのような非決定性はデュラス作品ではお馴染みのものだが、『緑の眼』で言及されるイジ・ベレールによる読解、すなわちアウシュヴィッツで生まれたオーレリア・シュタイネルと、彼女のことを書いているオーレリア・シュタイネル、ふたりのオーレリアがいるのだという読みには「それほどは納得はしない」と語っている。

とはいえ「オーレリアがわたしの代理となった」とデュラスは書いている。「いまではS・タラの舞踏会の曲を歌っているのは彼女。彼女はそれをユダヤの歌のように歌う」ともデュラスは書く。彼女は「アウシュヴィッツにおけるひとりのユダヤ人の死は、わたしに関しては、われわれの時代の歴史の全体、戦争のすべてを満たしている」とも言っている。

思うに、ユダヤ人たち、わたしにとってはこの衝撃はあまりにも強いので、わたしはそれをまったき光のなかで見、その前ではわたしは殺人的な透視力のなかにいるので、それは書かれたものと一体となるの。書くこと、それは自己の外に、すでに自己の内部にあるものを求めに行くこと。この衝撃は世界の上に広がっている、そしてわたしがよく知っている潜在的な恐怖を集めるという機能がある。それは、恐怖をその原理において見せてくれるのよ。ユダヤという言葉は同時に、人間がみずからに授与する死の力とわれわれによるその認識とを言っているわ。ナチはまさにこの恐怖をみずからのうちに認識しなかったが故にそれを犯したのよ。

(『緑の眼』、一八七–一八八頁)

デュラスにおける「ユダヤ性」は、それ自体きわめて重要なテーマだが、ここではひとまず彼女が「ユダヤ人たち、この衝撃、このデジャ・ヴュはきっと——わたしにとっては——アジアにおける幼年時代からはじまったに違いないわ。村の外にある癩病院、ペストやコレラ、貧困といった風土病、ペスト患者でいっぱいの道路、それがわたしが見た最初の強制収容所だわ。そのとき、わたしはそのことで神を弾劾したわ」と述べていることのみを記しておく。

ともあれ、オーレリアである。

彼女がわたしから離れており、映画のなかで語っているのが彼女であるというのはほんとう。わたしは彼女を聴き、彼女の声を翻訳するだけ。それぞれの言葉、それぞれの秒ごとに、わたしは注意する、ほんとうにそれぞれの秒ごとに、彼女に辿り着き、彼女の背後にいて、またどんな現われもない、ほとんど意味もない、彼女から出たままの彼女の書きものを報告するだけであるようにと。

オーレリア・シュタイナーというとてつもない力の傍らでは、映画などなんでもない。『オーレリア・シュタイナー・ヴァンクーヴァー』のフィルムは不可能な映画だった。しかしそれはつくられた。この映画が驚嘆すべきものであるのは、それがその不可能性を直そうとすら試みていないから。それはその不可能性に随伴している。その傍をいっしょに行く。

(同、一四一−一四二頁)

この発言は、三つ目のテクストである『オーレリア・シュタイネル・パリ』が、なぜ映画に撮られなかったのかという疑問への解答にもなっている。そもそも「『オーレリア・シュタイナー・ヴァンクーヴァー』を書いたとき、わたしはあとでそれを撮ることができると確信していなかった。あとで撮らないという幸福に包まれてわたしはそれを書いた。書いたのよ。もしそれを撮るために五百万フランくれる人がいなかったなら、わたしは真っ黒な映画、黒しか見えないフィルムをつくったでしょうね」とデュラスは語り、そしてその後、ほんとうに「真っ黒な映画」を撮ってみせるのだが、そこへと向かう前に、デュラスにとって『オーレリア・シュタイネル・ヴァンクーバー』がエクリチュールとイマージュのかかわりにおいて、これまでになかったほどに理想的な作品であったという点について、もう少しだけ述べておきたい。

わたしは文章のことを語っている。たとえ映画のことを語っているように見えるときだって文章について語っているのだわ。わたしはほかのことを語ることができないの。映画をつくるとき、わたしは書いている。イマージュについて、それが表象するべきものについて、その性質に関するわたしの疑いについて書いている。それが持ちうるべき意味について書いている。イマージュの選択というそれに続いて起こることは、その文章の帰結なの。フィルムについての文章――わたしにとっては――それは映画よ。

（同、九四-九五頁）

デュラスにとって、イマージュはあくまでもエクリチュールに従属すべきものだった。いわば彼女は原理主義的な言語至上主義者であり、自作の映画についても言葉を置き去りにして映像面だけを語られることをよしとしなかった。言語的な側面抜きのイマージュという捉え方に対しては露骨に怒りを露わにすることさえあった。だから考えるべきことは、そんなデュラスがどうして映画を撮り続けたのか、ということになるだろう。彼女はこう言っている。「映画に対してはわたしは殺害の関係にあるの。わたしがそれをつくりはじめたのは、テクストの破壊によって作家の既得権を傷つけるためだった。いまでは、わたしが傷つけたい、削減したいのはイマージュの方ね。いまわたしは、どこにでも適用するイマージュ、一連のテクストのどこにでも無関係に重ね合わされる、それ自体としてはいかなる意味もない、美しくも醜くもなく、その上を通過するテクストによってのみ意味を持ってくるようなイマージュに取り組んでいる」。

この言葉は『船舶ナイト号』の未使用ラッシュから生まれた『セザレ』、『陰画の手』（どちらもまだじゅうぶんに美しいが）、そしてそれら以上に『オーレリア・シュタイネル』に当て嵌まる。デュラスは特に『ヴァンクーバー』を「理想的なイマージュ」と呼び、「他の新しいのをつくる苦労が回避出来るくらいじゅうぶんにニュートラルなイマージュからそんな遠くないところにいる」と評価している。それは「真っ黒なイマージュ」、すなわち「映画の公然たる殺害のイマージュ」なのだと。

『オーレリア・シュタイネル』に続く『アガタ』には『木立ちの中の日々』にも出演していたビュル・オジェと、当時すでに六十代後半だったデュラスの最後の、彼女より四十歳も若いゲイの愛人/同居人ヤン・アンドレアが出演している。もともとは男女二人芝居の戯曲として書かれたものだが、映画版では例によってオジェとアンドレアは一度も発話せず、ひと気のない海と浜辺の光景、ほかに誰の姿も見えない瀟洒なホテルのあちこちに佇むふたりの映像の連鎖の背後に、デュラスとアンドレアによる朗読が流れ続ける。

そこで物語られるのは、ロベルト・ムージルの『特性のない男』(一九三〇-未完)のウルリッヒとアガーテの近親相姦的関係を下敷きにした兄と妹の秘密の再会と、幼少時から始まるふたりの禁断の恋愛の回想(それはかなり具体的に生々しく描写される)である。早くからソフト化されていたこともあり、デュラスの映画の中では『インディア・ソング』と並び言及されることの多い作品だが、本論の文脈で興味深いのは、この映画の原題が『Agatha et Les Lectures illimitées』であることだろう。「アガタと際限のない読書」。テクストにも映画にも読書の場面は出てこない。ではこの「レクチュール」とはテクストの朗読のことなのか。おそらくそうではない。それはわれわれ観客が、この映画を観る／聴くこと、その行為、その営みを指しているのだ。

冬の海辺の風景を捉えた映像と、台詞にも出てくるブラームスのピアノ曲の優美な調べの効果もあって、ロマンチックな色彩の濃い作品であるが、デュラスの真の意図は無論そこにはない。そしてデュラスは、この映画と同じ年に、やはりヤン・アンドレアを出演させて、彼女の言う「真っ黒な映画」を撮る。

『大西洋のおとこ』(一九八一)は上映時間四十五分の半分以上が完全な黒画面であり、特に後半は延々と暗闇が続く。観ることの出来る映像は、アンドレアの立ち姿と海、ホテルなどであり、ひょっとすると『アガタ』の余りなのかもしれない(おそらくそうだろう)。そしてここでもデュラス自身の声による朗読が流れる。だがそのテクストの内容は、これまでの作品とはいささか方向性を異にしている。

あなたはカメラをみないだろう。強いられたときでなければ。

あなたは忘れるだろう。

あなたは忘れるだろう。

あなたがあなただということ、あなたはそのことを忘れるだろう。

そんなこともありえようとわたしはおもう。

カメラがカメラだということもあなたは忘れるだろう。けれどなにより、あなたは、あなたが
あなただということを忘れるだろう。あなたは。


(マルグリット・デュラス『大西洋のおとこ』、小沼純一訳、書肆山田、四七-四八頁)

これが冒頭である。声は、いや、テクストは。このようにひたすら「あなた」に語り掛け続ける。しかもそれはカメラの向こうの被写体としての「あなた」への、ほとんど「カメラ」そのものになった「わたし」の、書くこと、見ること、撮ること、愛することがややこしく絡み合った命令、呼び掛け、あるいは懇願、だが別の見方をすれば実に単純明快な、要するにデュラスがアンドレアに宛てた恋文と言ってよい。

だが、このテクストの特徴は、言うまでもなく、あからさまに「カメラ」や「映画」といった語が持ち出されることである。「映画」に対して冷淡な態度を貫いてきたデュラスが、初めてシネマ

と真っ向から向かい合ってみせた作品と言ってもいい。このことがヤン・アンドレアという彼女の個人的な、そして最後の愛の対象がカメラの前に立ったことによるものなのかどうかはわからない。しかしデュラスは、テクストの中で「映画をつくったってかまわないんだ。書くなんてもううんざり。映画でかまわない」とまで口にする。

この映画が公開されたとき、デュラスは『ル・モンド』に寄稿し、『大西洋のおとこ』の大部分が何も映っていない黒画面から成っていること、だからこの試みを理解しようとしない観客やジャーナリストには映画館にこないでほしいと強い調子で告げ、物議を醸した（この文章も『緑の眼』で読める）。映画史における「黒画面」といえば、ジガ・ヴェルトフ集団時代のゴダールの作品、そしてジョアン・セザール・モンテイロ監督の『Branca de Neve（白雪姫）』（二〇〇〇）が挙げられる。後者は『大西洋のおとこ』と同じく全編のほとんどが黒画面という長編劇映画である。

だが『大西洋のおとこ』の黒画面はゴダールやモンテイロがそれぞれの意図によって行った「ソニマージュ・マイナス・イマージュ」とは意味合いが異なっている。端的にいえば、イメージが存在しないということよりも、声だけが、ただデュラスの声だけが、いや、デュラスが書いた言葉だけが、そこにある、ということが重要視されていると思われるのだ。そしてもちろん、そう考えてみれば尚更、あらためて湧き上がってくる問いは、それでもまだデュラスが映画にこだわり続けたのはなぜだったのか、ということになるのだが。

『ローマの対話』（一九八二）は『セザレ』と同じくラシーヌの『ベレニス』をもとにした作品であ

る。デュラスはイタリアのテレビ局の出資により、ローマの夜の街の光景を画面左から右へと延々と続く移動撮影でフィルムに収め、イタリア人俳優二名による「声」を重ねて一本の映画に仕立て上げた。男女の声は対話になっており、『ガンジスの女』や『インディア・ソング』のように、この映画そのものについて語っているようである。『セザレ』とはまったく別に書き下ろされたテクストは、十年以上経ってから「ローマ」と題されて『エクリール　書くことの彼方へ』（一九九三）に収録される。上映時間が六〇分もあることもあって、おそらくレールなどは引かずにただ単に走る車上から撮っているのだろう、微妙に揺れながら淡々と続いていく映像は、デュラスの映画の中でもモノトナスな印象が強く、初期ヴィム・ヴェンダースや、シャンタル・アケルマンの映画とも共通するような魅惑的な退屈さを身に纏っている。

マルグリット・デュラス最後の監督作品となった『子供たち』（一九八四）は、一九七一年に出版されたデュラス唯一の絵本『あぁ！　エルネスト』の物語を膨らませて長編映画にしたものである。初登校から帰ってきた少年エルネストが両親にもう学校には行かないと言い出す。どうして？と問う母に彼は「だって学校は僕の知らないことばかり教えるんだもん」と言う。「知ってることばかり」ではないところがいかにもデュラスである。

『あぁ！　エルネスト』は、原作をほぼそのまま、一九八二年にジャン＝マリー・ストローブとダニエル・ユイレが『アン・ラシャシャン（En rachâchant）』として映画化している。わずか八分足らずの短編だが、ストローブ＝ユイレならではの厳格かつ大胆な画面造形が光る傑作である。『アン・

ラシャシャン』に刺激を受けたのかどうかはわからないが、原作者自身がメガホンを執った『子供たち』は、まるで『インディア・ソング』以前に戻ったかのような、真っ当な形式とナラティヴを備えた劇映画になっている。小学生のエルネストを四十代の中年男（アクセル・ボゴスラフスキー）が演じている以外は、プロの俳優たちが堅実な演技を披露し、会話の場面もごく普通に同時録音されている。オフの「声」も何度か入るものの、それは「〈声〉の映画」ではなく、いわゆるナレーションの範疇に留まっている。

デュラスはのちに、この映画を小説化した長編『夏の雨』（一九九〇）を発表する。そちらを読んでみると、完成した映画『子供たち』では（上映時間などの関係で）かなり薄められてしまっているが、この作品が本来、神学的な主題を持っていたことがわかる。『緑の眼』には、この映画の公開時に「カイエ・デュ・シネマ」に掲載されたデュラスのインタビューが収録されているが、それによると『子供たち』は当初、原作に即して『エルネスト』、それから『イスラエルの子供たち』という仮題を与えられ、更に『王の子供たち』となり、最終的に前に何もつかない『子供たち』になったのだという。そもそもの出発点であった絵本の『あぁ！　エルネスト』では表面上、明示されていなかったが、この作品の発想源は、十八歳のときに読んだ旧約聖書の『伝道の書』に由来するとデュラスは述べている。実際、エルネストが『伝導の書』を読む場面も撮影するつもりだったが、複数の現実的な理由により断念したという。

『オーレリア・シュタイネル』のところでも触れておいたデュラスと「ユダヤ」の関係性について

は、『夏の雨』の訳者である田中倫郎が解説で興味深い指摘をしている。田中はデュラスの「「ユダヤ人」は血統や戸籍とは無関係である」と言う。それはより広範な意味で「まず第一に現状を拒否する者、次に国家をもたないか、国家から駈りたてられて放浪する者、定住圏を持たない者」のことなのだと。「「さまよえる」という形容詞はロマンティックに受け取られかねない。彼女は散文的に「外へ出てゆく者」と言う（あるジャーナリストが仕掛けた質問「あなたにとって、外へ出てゆくとはどういうことですか？」に対して「書くことです」と応じているのをつけ加えておく）」と田中は述べている。デュラスが雑誌や新聞などに寄稿した短文を集めた書物は『アウトサイド』（一九八一）、『外部の世界（Le Monde exterieu)』（一九九三）と題されていた。

「外へ出てゆく」というとき、問題は、では「外」とはどこなのか、ということである。デュラスにとって、『インディア・ソング』の女乞食も、ラホールの副領事も、アンヌ＝マリー・ストレッテルも、ロル・V・シュタインも、『トラック』の女も、オーレリア・シュタイネル（彼女は実際にユダヤ人という設定だが）も、『愛人（ラマン）』や『北の愛人』（一九九一）の中国人の愛人も、エルネストも、そしてデュラス自身も、絶えず「外」へと出てゆこうとする、出てゆかざるを得ない、望むと望まざるとにかかわらず、アウトサイドに取り憑かれている、という意味において皆「ユダヤ人」なのである。

ともあれ、映画作家デュラスのフィルモグラフィは『子供たち』で終わる。デュラスは一九九六年三月に八十一歳で没するが、それまでの十数年、彼女は二度と映画を撮らなかった。ジャン＝ジャック・アノーが『愛人（ラマン）』を凡庸に映画化して大ヒットを飛ばしても、本人がそれに対抗して監督に復帰することはなかった。デュラスの死後、最近の話題としては、一九八五年に発表された『苦悩』（『かくも長き不在』と関連の深い自伝的小説）を、エマニュエル・フィンケルが映画化し、日本では『あなたはまだ帰ってこない』（二〇一七）として公開されたのは記憶に新しい。

マルグリット・デュラスといえば、一般的には何よりもまず『愛人（ラマン）』の作家であって、彼女が映画監督でもあったという事実が取り沙汰される場合も、映像と声が分離した変な映画として『インディア・ソング』の名が挙がるくらいである。だがそれを言うなら、すでにおわかりのように、デュラスの映画はどれもこれも「変」だったのだ。デュラスのけっして少なくはない著作は、そのほとんどが邦訳されているのだが、今では大半が絶版になってしまっている。日本の文化風土において、言うなればデュラスは恵まれた／呪われた作家である。名前はそれなりに知られているが、ほんとうのところ彼女がいったい何をやったのか、ということにかんしては碌《ろく》に知られておらず、しかしその一方で、冒頭で並べた紋切型群が織り成すイメージは拭い難くまとわりついている。

しかも、あらためて繰り返すなら、それらの紋切型は、あまりにも正しい。だとすればやはり、最後にやるべきは、その否定しようもない正しさと、デュラスにとって「映画」とは何だったのか、という問いを重ねて考えてみることになるだろう。

5. Adieu au Image

今夜雨が降っている。雨が降っている、家のあたり、そして海にもやはり。映画はこうして残ってゆくだろう、そのままに。わたしはもうそれに与えるべき映像をもちあわせてはいないのだ。わたしはもうわからない、わたしたちがどこにいるのか、どのような愛のどんな終わりにいるのか、どのようなほかの愛のどんなやりなおしのところにいるのか、わたしたちが迷ってしまったのはどんな物語なのか。わたしたちが知っているのはこの映画を通してだけのこと。映画だけに向け、わたしは知っている、わたしが知っているのは、どんな映像も、たったひとつの映像さえもそれをひきのばすことはできなかろうということだ。

（同、七八-七九頁）

『子供たち』ではデュラスの声は聞こえてこない。その前の『ローマの対話』にも彼女の朗読は入っていない。この点から『大西洋のおとこ』をデュラスの「〈声〉の映画」の極点と考えることも出来るかもしれない。漆黒の画面の中に響くデュラスの声は、いつものようにどこか冷淡で情感に乏しく、そのことがかえってテクストの、書かれてある内容の悲痛さを高めている。

しかしそれにしても、フィルモグラフィの半数近い作品で監督（にして原作者）自身が「声」を担当しており、その半分では彼女の「声」しか聞こえてこないというのは、考えてみればかなり異常なことである。『ガンジスの女』で、どこからかやってきた「〈声〉の映画」は、始めは「他者（たち）の声」だったはずが、作品を追うごとに「デュラスの声」の割合が増えてゆき、遂にはそれだけになってしまう。

だが、思えば『ガンジスの女』にもデュラスの声は入っていたのだった。『バクステル、ヴェラ・バクステル』でも、デルフィーヌ・セイリグがまだ映っていないのをいいことに、デュラスはまんまと女優に成り代わって台詞を言っていた。そして『トラック』（これはデュラス自身が声のみならず姿を晒した唯一の映画だ）以降、最後の二作を除いた全てが「デュラスの〈声〉の映画」となる。このことは何を意味しているのだろうか。

朗読という行為／作業について、デュラスは「もしテクストがページの上にやって来たのと同じようでなく、書かれた声になっていないと思えば、やり直す」と言っている。

ねえ、わたしはなにもそれを読むときに、テクストの意味を掘り下げようとしているんじゃ全然ないのよ、まったくそんなんじゃないんで、わたしが求めているのは、そのテクストの最初の状態ね、ちょうど自分が経験したわけじゃなくて、《聞いたことがある》遠い昔の出来事を思い出そうとするときのようにね。意味はそのあとからやって来る。意味はわたしを必要としていないの。朗読する声がそれだけで、わたしの側からの介入なしに意味を与えることになるわ。

（『緑の眼』、九六頁）

デュラスが自らの声で朗読するようになったのは、至極簡単に言ってしまえば、それを書いたのが彼女だったからだろう。これまで見てきたような複雑な作品連関のそれぞれの始まりとなるテクストを書きながら、彼女はそれを読む声を聞いており、たとえ無言のままだったとしても、或る意味では声を発している。書きつつある言葉を聞いているのか、聞こえてくる声を言葉にしているのか、そのどちらであるのかはまったく問題ではない。そのようなことはどうでもよい。

問題は、それゆえにこそ、そうして書かれたテクストは必ず声に出して読まれなければならなかった、ということである。デュラスのテクストは、彼女が書いた言葉は、誰かの発話とされていない部分も含めて、実のところ、全てがパロールである。いや、そもそも音声言語（パロール）と書記言語（エクリチュール）という従来の二項対立は、デュラスにおいては意味を成さない。彼女には「書くこと」と「聞くこと」と「発話すること」の区別がない。だからデュラスは小説を、テクストを書くだけではなく、実際にそれが読まれる＝発話される演劇や映画に向かわなくてはならなかった。自分以外の誰も聞いていなかったが確かに聞こえていたはずの「声」を、誰かに／誰もが聞こえるようにするために。

したがって「声」が彼女自身の声に収斂していくことになったのは、必然的なプロセスだった。「すべてが読まれなければならないの、空白の場所もね、つまり、すべてが再び見出されなければならないということ」。すぐさま注意しておくが、しかしそれは、デュラスがテクストを書いた張本人、すなわち「作者」であったがゆえに、その声が特権的な意味と機能を帯びることになった、ということではない。そんなことならば、要するにそれは作家自身の朗読のあり難みという、ごくありふれた、つまらない話に過ぎない。そうではなく、デュラスが自分の声を使わざるを得なくなったのは、顔と名前を持った誰かのものではない、つまり誰の声でもない、だが確かに聞こえる、聞こえてくる人間の声というものが、不幸にして現実には望み得ない以上、かろうじてそれに近づくことが可能かもしれない声の持ち主として、ただ自分しか見つけられなかったということなのだ。

だからデュラスは「作者」としてテクストを朗読した、声に出して読んだのではなかった。だが彼女は「読者」として、そうしたのでもなかった。デュラスは「書くこと」と「読むこと」の交点と「声を聞くこと」と「声を発すること」の交点が二重に交叉する時空間に宙吊りにされたままの「声」をほっしたのであり、それにどうにかまだしも近づき得ると思えたのは、結局のところ自分自身の声しかなかったのだ。なぜならば、自分以外の誰かは必ず顔と名前を有した存在であるからだ。デュラスにとっては、私が私でしかないということが、逆説的にも、誰でもない、にもっとも漸近する方途だったのだ。

しかし当然、それを聞かされる側にとって、それは「作者」にして「監督」のマルグリット・デュラスそのひとの声である。彼女の声は本人の思惑にもかかわらず、強固な記名性を帯びるしかなかった。そしてもちろん、デュラスもそんなことはよくわかっていたはずである。だからことは実に複雑であり、かつ実に単純なのだ。

デュラスにとってエクリチュールとはパロールのことだった。彼女が書くには、書き続けるには、どうしても「声」が必要だった。ならば当然、次なる疑問は、ではどうして更に映画が、イマージュまでもが要請されたのか、ということになるだろう。しかもデュラスは、自ら進んでそうしながら、すぐさまイマージュの放棄、その消去へと向かい、シネマへの身も蓋もない嫌悪を語るようになる。これはいったい、どういうことなのか？

映画を撮りながら映画への反感を表明し続けた小説家デュラスと、自作に夥しい数の書物からの引用をちりばめながらも言葉への反感をたびたび表明してきた映画作家ゴダールが、一種独特な同盟関係を結んでいたことはよく知られている。特に『トラック』はゴダールに多大なるインパクトを与え、『勝手に逃げろ／人生』（一九七九）では彼とデュラスの対話の録音が説明抜きに流れ出し、続く『パッション』（一九八二）や『カルメンという名の女』（一九八三）ではイメージと音＝声の分離が――デュラスとはかなり違ったやり方ではあるが――盛んに試みられることになる。『勝手に逃げろ／人生』に一部が挿入されているゴダールとデュラスの最初の対話は、その後の二度の対談と合わせて『ディアローグ　デュラス／ゴダール全対話』（二〇一四）でまとめて読むことが出来る。

デュラス　（前略）しかし、私にとって、映画はあってなきがごときものよ。映画は存在しないってよく言ってるわ。

ゴダール　どうにかこうにか存在している？　それとも、ほとんど存在するかしないか？

デュラス　ほとんど存在するかしないかよ。どうにかこうにかでも存在しているとは思えないわ。

（マルグリット・デュラス、ジャン＝リュック・ゴダール『ディアローグ　デュラス／ゴダール全対話』、シリル・ベジャン編、福島勲訳、読書人、二〇一八年、一八頁）

映画は存在しない。そうデュラスは言う。だが、もちろんデュラスにとっても、映画は存在していた。間違いなく、何らかの意味で、デュラスにとって映画は存在していたし、存在していなければならなかった。このあからさまな矛盾をどう考えるべきなのか。

なるほど始めは「テクストの破壊によって作家の既得権を傷つけるため」だったのかもしれない。だが、すぐさまデュラスは、そんなことはまったくもって取るに足らない瑣末事でしかないと気づいた。しかしその後も彼女は映画を撮り続けた。あたかもそれは、映画は存在しないということを証明するために映画を撮ることが映画が存在していることをはからずも証明してしまい、そのことがまた次の映画を撮る動機となってゆくかのようなのだ。この奇妙な、ほとんどナンセンスな循環。だがこれは言い訳でも韜晦《とうかい》でもない。デュラスはあくまでも本気だったのだ。

デュラス　私は自分のテクストを映画に合わせているのよ。映像といっしょに見たり、聞いたりするテクストをただ投げ出すわけにはいかないわ。本の中だったら投げ出せばいい。本の中で読まれるためのテクストであればね。〔映画では〕スクリーンを起点にテクストの読みを組織しなければならない。だから、本と映画ではやはり同じではないの。
ゴダール　たしかに、全然違う。
デュラス　でも、私にとって映画は存在しない。テクストがなければ、映画は存在しない。
ゴダール　ええ、存在しません。無声映画だってたくさんのテクストに支えられているわけだから。
デュラス　そう、その通りよ。沈黙はいつもテクストの周りに生まれるの。テクスト自体というよりは、テクストの読みの周りにね。この沈黙はね、言葉がそれをもたらすことができるし、それを生み出すのも言葉なのよ。

（同、二〇頁、〔　〕は著者による）

この対話において、ゴダールは一貫して「言葉」を批判しつつ「映像」を擁護し、デュラスは「言葉」を偏重して「映像」を否定し続ける。『Adieu au Langage（さらば、愛の言葉よ）』や『イメージの本』（二〇一七）という作品もあるゴダールの、言葉への、言語への倒錯的な愛憎に対して、デュラスの映像と映画への態度はもっとシンプルである。テクストが、言葉が、エクリチュール＝パロールが、ほかの何よりも重要かつ必須なのであり、映像が、イマージュが、それを阻害／疎外しようとしたり、障害物になったりしそうになった場合は、容赦なく排除する。そうしてデュラスはあっという間に「真っ黒な映画」にまで辿り着いてしまった。ゴダールが「どうして映像を完全に閉め出そうとするのですか」と問うと、デュラスは「どうして言葉を完全に閉め出そうとするのよ」と切り返す。デュラスの言葉への偏愛、言語至上主義は、彼女が作家であるからという通り一遍の理由だけでは説明し難いほどに強烈で極端である。そういう人間だったから作家になれたのだということかもしれないが、これでは何も言ったことにならない。

ひとはたったひとりで書くことを発明できる。どこでも。どんな場合でも。映画は違う。映画は呼ばない。それは書かれたもののようには、本のなかのあの急迫のようには、待たない。もし誰も映画をつくらなければ、映画は存在しない、けっして存在しなかったことになる。誰も書かないとき、しかし書かれたものは存在するし、それはつねに存在した。死にゆく世界、灰色の惑星の上で、それが終わってしまうだろうとき、しかしそれはそこらじゅうに、時代の空気のなかに、海の上に存在するでしょう。

(『緑の眼』、一七九-一八〇頁)

エレーヌ・シクスーが、ミシェル・フーコーとの対談の中で、デュラスは「盲目」なのだと言っている(「外部を聞く盲目の人デュラス」、『ユリイカ　1985年7月号』所収)。デュラスのあからさまなまでの映像への軽視と、『大西洋のおとこ』に至るイマージュの減衰の過程を思えば、宜《うべ》なるかなと思える評言だが、実はそうではない。デュラスは目が見えないのではなく「文盲」なのだ。むろんこれも批評的な喩えだが。実際、デュラスが言葉、言語について語るとき、それはもっぱら「声」を伴ったパロールとしてのエクリチュールのことなのであって、彼女の発言には不思議なほど「文字」の話題が出てこない、もちろん幾つかの映画にはテクストの断片がデュラス自身の手書きの文字で登場しはする。だが誤解をおそれずに言えば、デュラスは記号としての文字にはほとんど興味がなかった。それはそうだろう。彼女は自分が書くとき、書いてるときでさえも、実は「声=音」で聞いていたのだから。

フランス語はデュラスの母語であり使用言語だったが、それはいわば偶然的な条件に過ぎず、事と次第によっては、彼女は英語でもドイツ語でも、中国語でも日本語でも書くことが出来ただろう。確かに彼女に聞こえていたのはフランス語で語る「声」であったはずだが、そのことはさして重要ではなかった。或る意味で、その「声」は、その「声」が語ることどもは、言語の別を超えた、こう言ってよければそれ以前の、いわばベンヤミンが「翻訳者の使命」で言うところの「純粋言語」にも近い超越的な次元に属していた。

いや、小難しい戯言は弄すまい。要するにそれは、デュラスが「誰も書かないとき、しかし書かれたものは存在するし、それはつねに存在した」と言うときの「書かれたもの」すなわち「言葉」すなわち「声」に乗せられてやってくるものとは、デュラス自身の、そして／しかし彼女自身を超えた、ひとつの、複数の、いつかどこかで現実に起こった、あるいは起こるべきであった体験のことであり、一度限りの、あるいはこれまでも数限りなく繰り返されてきた、今後も永久に繰り返されてゆくしかない出来事のことなのだ。

デュラスは、そのような絶対的な体験、決定的な出来事を、忘却し、想起し、また忘れ、また思い出すことを繰り返すために書いたのだ。そのためには「声」が必要不可欠だった。なぜならそれは全ての始まりから、始まりの前から、そこにあったのだから。朗読することによって「すべてが再び見出されなければならない」とは、そういう意味である。

そしておそらく、この「体験」と「出来事」こそ、デュラスをめぐる「紋切型」の淵源《えんげん》なのだ。テクストであれシネマであれ、デュラスが生み出した作品群を、その形式ではなく、物語に着目してみるならば、そこに俄かに浮かび上がるのは、どれもこれも通俗的と言っていいような恋愛劇ばかりである。はっきり言って、普通に語ったら陳腐なメロドラマにしかならない。だがしかし、困ったことに、デュラスはそれを語りたいのだ。なぜなら、それが真実なのだから。ここでの「真実」とは、現実にあった体験、事実としての出来事と、現実や事実ではなかったかもしれないが、あってもおかしくはなかった体験、起こってほしかった出来事をも含む。それらは、あの紋切型辞典に並べられた語たちが、いかにも似合うものだった。

デュラスの作品、その多くが帯びている独特の抽象性、明らかな観念性は、覆い隠しようのない、歴然とした通俗性と裏腹である。貶しているのではない。或る種の出来事、或る種の体験、ひとりの人間にとって決定的であったり、ひとつの人生にとって絶対的であったりするような体験や出来事においては、観念性と通俗性は表裏一体だと言いたいのだ。デュラスはそのことを本能的にわかっていた。これは彼女が流行作家になり得た理由の一個でもあるだろう。

デュラスはまず、自らの欲望と想念、書くことの動機そのものが、抛《なげう》っておけば真っ直ぐに突き進んでいってしまうだろうメロドラマ的な方角からどうにかして遠ざかるべく、書かれること(それは「聞かれたこと」でもある)、語られることの抽象化を押し進めていった。テクストは初期のまだしもオーソドックスな形態の小説から一作ごとに変貌し、離脱していった。ひょっとすると、最初の頃のデュラスは「声」に一種の義務感から肉付けを行っていたのかもしれない。しかし徐々にテクストは断片的に切り詰められてゆき、やがて「声」と一体化する。もうこの先はないと思ったとき、デュラスの前に「映画」が現れたのではなかったか。シネマとはソンとイマージュ=ソニマージュのことである。デュラスは始めからイマージュに期待などしていなかった。デュラスはシネマの、イマージュの本質的な貧しさに魅力を感じ、その退屈さこそを求めたのだ。それは一方で、俳優という他者たちの声を召喚するという意味でも試みるにたることだった。

しかしほどなくデュラスは、映画に失望する。それは素人の自分でさえ、それなりのお膳立てをして最低限の準備を怠らなければ、撮れば撮れてしまい、撮れたならば一本の映画としてまあまあ格好がつき、あまつさえ映画的に(つまりイマージュの次元で)評価されてしまいもするということへの疑いと苛立ちだった。こうして「〈声〉の映画」がやってくることになった。

デュラスが映画を撮り続けたのは、もはやテクストだけでは足りなかったからである。そこに具体的で現実的な声を響かせるための舞台が、方便が、口実《プレテクスト》が必要だったのだ。映像に、イマージュに、デュラスははなから存在価値など認めていなかったが、それでもそれはぎりぎり存在していなければならなかった。イマージュを完全に放擲《ほうてき》してしまったら、全て消去してしまったら、シネマではなくなってしまう。「オーレリア・シュタイネル」が「どこにでも適用するイマージュ、一連のテクストのどこにでも無関係に重ね合わされる、それ自体としてはいかなる意味もない、美しくも醜くくもなく、その上を通過するテクストによってのみ意味を持ってくるようなイマージュ」にぎりぎりまで近接したのは確かだが、それでもそれはじゅうぶんに美しかった、いや、美しくなさが不じゅうぶんだった。

『大西洋のおとこ』は「真っ黒な映画」に成り切ることはなかった。なぜならデュラスはヤン・アンドレアを撮りたかった、撮ることによって彼のイマージュを残したかったから。そう、恋愛こそは、どうしようもなく通俗的で、それと同時に、果てしなく観念的な営みではなかったか。

こう考えてみれば、最後の監督作『子供たち』が、それまでとは一転してまともな映画になったのは、そこで物語られることが「恋愛」から切断されていたからなのかもしれない。あるいは『子供たち』を撮ったことによって、デュラスはようやく、イマージュに、シネマに見切りをつけることが出来たということなのかもしれない。

映画は存在しない、と彼女は言った。だが、それでも映画は存在していたし、彼女はそれをよく知っていた。たぶん最初から最後まで。

初出＝『すばる』２０２１年４月号、集英社、二〇二一年

第2部

受容／メディア

「観察」の条件――フレデリック・ワイズマンと香港ドキュメンタリー映画工作者を例に

1. カメラを見ないということ

言わずもがなのことを再確認するところから始めよう。フレデリック・ワイズマンの映画に映し出されるひとびとは、誰もカメラを見ない。これはワイズマン作品を何本か観れば、すぐにわかることである。ごく稀に画面の中の人物が大抵は何かを勢い込んで話しながら視線を素早く移動させる途中に、ふとカメラのレンズ、すなわち映画を見ている私たちと目が合ってしまう（もしくは、合ってしまいそうになる）ことはあるが、それは単なる偶然、あるいはこちらの勘違いであって、それでもそんなとき、私たちのほうが妙に気まずい思いを抱いてしまったりする。とにかく誰ひとりとして、カメラを見ようとはしない。確かにそのとき、そこにはカメラがあったに違いないのにもかかわらず、皆が皆、特に何も喋らないままの、たまたまそこに居合わせた人物に至るまで、今まさに映画に撮られていることを気にしているそぶりを見せることはない。要するに、ワイズマンの映画においては、あたかもカメラなど存在していないかのようなのだ。

もちろん当然のことながら、そんなはずはない。ワイズマンは隠し撮りはしない。それどころか、さほど広くはない部屋で、何人かが或る目的をもって話し合っているさまを私たちが見るとき、そこにカメラがあり、つまりカメラマンのジョン・デイヴィーがおり、集音マイクを掲げた監督ワイズマンそのひともいるということは、疑うべくもない。けっして画面内に映し出されることはないが、カメラはそこにあり、彼らはそこにいたのである。そうでなければ私たちは、その映画を観ていない。何を当たり前に過ぎることを言い募っているのかと嗤われそうだが、私はフレデリック・ワイズマンについて論じた最初から、一貫してこの点にこだわってきた。ワイズマン映画の最大の独自性、その焦点は、そこに映るひとがけっしてカメラを見ないということなのだ。ワイズマンは自分の映画からカメラの存在を消している。消し去っている。少なくとも消し去ろうと試み、努めている。厳格かつ厳密に、注意深く細心に、まるでカメラがないのにそこに映像があるかのように、すなわち、それが映画ではないかのように、ワイズマンは自作を入念に造り上げている。彼の作品はしばしば、ドキュメンタリーなのに劇映画的であると言われる。それはそうかもしれない。だがむしろ、それ以上に、ワイズマンが描き出す世界とは端的に「映画」が存在しない世界なのではないか。私たちが映画と呼んでいるものとは別の仕方で、ワイズマンは私たちが現実と呼んでいるものの等価物を提出しているのではないか。それは圧縮された現実であり、畳み込まれた時空間、映像と音響による、私たちの知る世界に酷似した、だがもうひとつの世界である。そこに生きるひとびとにとって、カメラは存在しない。映画も存在していない。ワイズマンの作品は、ほとんど映画ではないのだ。

何を馬鹿なことを、と自分でも書いていて思う。カメラがあること、カメラマンがいて、監督がいるということを、そこに映っている誰もが知っている。私たちには見えることのないカメラが、間違いなく彼らには見えている。見えていながら、見えていないふりをしているのである。そうであるのに過ぎない。無視しているのだ。だから問うべき、考えるべきは、その無視ということになる。むろん私たちは、ワイズマンが撮影にあたって、被写体となるひとびとに、とにかくカメラを気にしないでくれ、われわれのことは一切無視してくれ、などと依頼したうえでカメラを回していることを知っている。被写体になるひとびとは、正式な契約書まで交わして、自分の行為や言動、立ち居振る舞い、表情などを撮られることに同意しているのであり、そこにはおそらく「普段通りに」という但し書きがついている。つまるところ、カメラがないかのように振舞ってくれ、という要請＝条件が、あたかもカメラが存在していないかのごとき世界を仮構しているのであって、それだけのことだといえば、それはそうなのだ。ワイズマンの映画が異様であるとすれば、それはそこでのカメラの存在の無視の徹底性によってであり、逆さまに言えば、カメラの不在の演技の徹底性ということになるだろう。そこに映っているひとたちは、カメラがないふりがやたらと上手いのだ。

私は以前、ドキュメンタリー映画におけるカメラの存在を「そこにいるもうひとり」という言葉で表してみた。「そこにいるもうひとり」という映画にしかない存在の様態を免れ得ているのは、監視カメラや隠しカメラ、録画がオンにされたまま置き去りにされたカメラだけであり、それ以外は、要はみんなして「そこにいるもうひとり」がいないふりをしているだけである。演技をしているのだ。だとすれば問題はもちろん、その演技の境界を測ること、演技の限界を推し量ることになるだろう。やや強い言い方をするならば、ドキュメンタリー映画の「そこにいるもうひとり」とは一種の詐術である。いや、もちろんそれはフィクション映画でも同じことだ。カメラがなければ映画は存在し得ないのに、当のカメラだけは映画に映っていないという欺瞞。だからこそ映画史では時々、故意にカメラ／カメラマンを画面に入れ込むという趣向が見られる。しかし、たとえばゴダールがやったようにカメラを鏡に向けたりしなければ、そこに映っているカメラはそこに映る人間たちと同じ立場でしかなく、そのとき現実に駆動している、すなわち当の映像を撮っている／撮っていたカメラ、つまり「そこにいるもうひとり」は確実に別にいる／いたのだ。だからそれはいわば児戯《じぎ》でしかない。「そこにいるもうひとり」とは、映画を映画として成立させている根本的な約束事、黙契《もっけい》なのであり、誰も排除することは出来ない。

だとすれば、ワイズマンの映画の中でカメラを無視して普段通りに振舞っているひとびとは、それゆえにむしろカメラを強く意識していることになるのではないか。彼らの無視の完璧さこそが、逆接的にカメラの存在を証立てている。気づいていないわけがないのだから、当然そうなるだろう。そもそも、そこに映っているひとたちの振る舞いは、ほんとうに普段通りなのか？　誰にそんなことがわかるのか？　言うまでもなく、このような疑いは、ワイズマンの作品に対して、繰り返し向けられてきたものである。たとえば『ボストン市庁舎』（二〇二〇）のプレス資料に翻訳掲載されているデミ・カムパキスによるインタビューにも、次のような応酬がある。

——ウォルシュ市長は本来なら密室であるはずの会議にカメラがあることを知って、あなたに向けて演技していたかもしれないと、撮影のときにどこかで思うことはありませんでしたか。行政活動の内部に入ったとき、そうしたことが頭をよぎることはありませんでしたか。

FW　ありませんでしたね。というのも、ウォルシュ市長は1日に4回の演説を行なっていたからです。その多くは（全てではありませんが）メディアで報道されています。彼は聴衆の前で話すことに慣れているので、私がいることで発言に影響を受けることはなかったと思います。（中略）もし相手がカメラに向かって演技していると思ったなら、私は撮ることをやめるでしょう。編集のプロセスに至るまでそれに気づかなかったなら、その素材を使うことをやめるでしょう。問題はほとんど起こりません。私は様々な状況でウォルシュ市長を撮りましたが、彼がカメラに向かって演じているという印象は持ちませんでしたね。

率直な答えに思えるが、『ボストン市庁舎』は（結果として、ではあれ）ワイズマンのフィルモグラフィではかなり珍しい「主役」のいる作品であり、現在はバイデン政権で労働長官を務めるマーティン・ウォルシュ（元）ボストン市長が、二百七十四分の上映時間の三分の一以上のシーンに登場する（このような「主役級」の扱いは近年では『クレイジーホース・パリ　夜の宝石たち』（二〇一一）のフィリップ・ドゥクフレぐらいだ)。ワイズマンが言うように、ウォルシュは人前で話すのが仕事なのだから、カメラのあるなしが彼の言動に影響を与えることはほとんどなかったかもしれない。しかしそれは、ウォルシュが普段から或る種の演技をしているということである。それにカメラを通して不特定対数のひとびとに語り掛けることと、そのときその場で誰かと話しているさまをカメラに撮られるのは、やはり別のことだと考えるべきだろう。では『ボストン市庁舎』に登場するウォルシュ以外のひとたち、市のスタッフたちや市の事業や催しのゲスト、市民たちについてはどうなのか? 現在の肖像権保護の状況を思うと驚くべきことと言っていいと思うが、市庁や各施設に来る一般のひとびとの誰の顔にもモザイクなどは掛けられておらず、相当近くに寄っていても誰もカメラを見ることはない。もちろんそれは、俺の顔を撮るなと怒鳴られたらカメラを下ろしていたからだし、はからずもカメラをまともに見てしまったひとは映画に残されていないということなのだ。この意味で(も)フレデリック・ワイズマンの映画は、本人も認めているように、何よりも「編集」の映画である。数週間の撮影に一年間の編集期間、それがワイズマンのやり方である。誰もカメラを見ない世界、カメラがないかのような世界=映画を現出させるために、ワイズマンとそのスタッフは最大限の注意と努力を払っており、そしてそれは常に最良の結果を齎している。

このようなフレデリック・ワイズマンの方法論は、どう考えてもドキュメンタリー映画においてオーソドックスなものとは言えない。むしろ明らかに例外的である。ナレーションの排除、字幕の排除、音楽の排除、その映画のために撮影された以外の素材/フッテージの排除、などなどといったワイズマン作品に共通する諸条件は、監督であるワイズマンの個人的意見、及びそれらを示唆する演出的要素の排除とともに、いわゆる「観察の映画」としての彼の作品世界の根幹を支えている。しかし、だからといってそれは純然と客観的であるとは到底言えない。カメラが見えているのに見えていないふりをし続ける画面内のひとびとと同様に、ワイズマンもまた、敢えて言うなら客観的であるふりをしているだけである。そこに映画にするべき何かがあると思っていなければ、何ごとか言うべきことがあると考えていなければ、彼はカメラを向けようとも、そのカメラを消し去ろうともしていないだろう。そこにはカメラがあるのに、ない。ないのに、ある、という認識論的な往復運動こそ、フレデリック・ワイズマンの映画の本質である、とひとまず述べておいて、唐突だがここで、ワイズマンの作ではない一本のドキュメンタリー映画を召喚したいと思う。山形国際ドキュメンタリー映画祭（YIDFF）２０２１で大賞に当たるロバート&フランシス・フラハティ賞を受賞した、香港ドキュメンタリー映画工作者の『理大囲城』（二〇二〇）である。

2. カメラを見れないということ

『理大囲城（Inside the Red Brick Wall）』の監督名である「香港ドキュメンタリー映画工作者（Hong Kong Documentary Filmmakers）」は、そっけないネーミングの通り、複数の匿名の映像作家／撮影者たちによる共同名義であり、構成人数も素性も明らかにされていない。もちろんそれは、個人名の公表が彼らの安全や生存を脅かす危険性があるからである。この作品は、二〇一九年一一月、逃亡犯条例改正に抗議し香港の民主化を求める大規模デモに対する、中国政府の意を汲んだ香港当局による弾圧の過程で起こった、香港理工大学（理大）キャンパス構内での学生の十一日間に及ぶ籠城を記録したものである。籠城と言っても外に出ればすぐに逮捕されてしまうので、実質的には包囲に近い。映画の序盤は路上でのデモの様子と警察による苛烈な暴力が描かれ、その後、大学内に立てこもった若者たちが肉体的にも精神的にも疲弊し、次第に追い込まれていくさまが続く。上映時間八十八分。『ボストン市庁舎』の三分の一の長さである。

映画祭での上映後のオンラインQ＆A（監督は声のみで参加した）によると、『理大囲城』は、それぞれ別々に香港のデモを記録していた者たちが、理大の事件後にお互いの撮影素材を持ち寄り、時間を掛けて編集を行なうことで完成に至ったものだという。香港ドキュメンタリー映画工作者のメンバーには、もともと映画作家として活動していたひともいれば、今回の一連のデモを撮るためにカメラを手にしたひともいたらしい。つまり、この映画は複数のカメラ／マンによって撮影されたバラバラの映像から成っている。

このような「多視点型ドキュメンタリー映画」としては、過去にはアダム・ヤウク（ＭＣＡ）監督『ビースティ・ボーイズ 撮られっぱなし天国』（二〇〇六）や想田和弘監督『The Big House』（二〇一八）などがある。前者はビースティ・ボーイズのライヴを五十人のファンが手持ちカメラで撮影した素材を編集したもの、後者はザ・ビッグハウスこと全米最大のアメリカンフットボール・スタジアムでの試合の模様を想田を含む十七人の映画作家が捉えた映像をもとにしている。『理大囲城』の造られ方も基本的には同じだ。だがしかし、もちろん音楽のライヴやスポーツの試合と「籠城」はまったく違う。もっとも重要な違いは、そこでは撮影者自身も「籠城」の一員であり、『撮られっぱなし天国』や『The Big House』のような「観客」ではない、ということである。Q＆Aで、監督のひとりは、撮影の或る段階で、理大の構内に留まるのか、外に出ていくのか、という選択肢があったと話していた。そのうえで、自分たちは中に残ることを選んだのだと。そのとき、のちに「香港ドキュメンタリー映画工作者」と名乗る者たちも「籠城」の当事者になったのであり、警察に逮捕されたり暴力を受けたりする可能性という点では、学生たちと同じ条件に置かれたと言える。だが、彼らは声を上げたり石を投げる代わりに、ただ黙々とカメラを回したのである。そうしておそらくは膨大なフッテージが残された。これもQ＆Aによると、香港当局による没収を回避するため、それらの元素材は彼らが考えるもっとも安全な場所に保管してあるという（おそらくクラウドのどこかだろう）。出来上がった『理大囲城』を見ても、私たちはその映画を構成しているショット群がいったい何台のカメラによって撮影されたのかを判断することは出来ない。カメラを構えた者が映っているショットがあるので、ひとりでなかったことだけは確かだが、それ以上は何もわからない。このことは、そういうことがわからないような編集が施されているというよりも、結果としてそうなったというほうが大きいだろう。というか、そんなことはどうでもいい、ということなのだ。

『理大囲城』はおそるべき映画である。デモ隊と警察の衝突の様子は苛烈だが、この作品の核心は、むろん「囲城」の成り行きをつぶさに記録したことにある。最初から籠城する計画だったわけではなく、いわば警察に追われてなし崩し的に理大に立てこもったのに過ぎないので、そこで生活するだけの準備も食糧もほとんどない。抗議活動に加わった者たちにもいろんなひとがいる。あくまでも戦闘的な者もいれば、意志はあっても体力がついていかない者、逮捕を怖れる者、このまま閉じこもったままでいったいどうなってしまうのかと不安に駆られる者、出口の見えなさ、先行きがわからないことが、何よりも彼らをじわじわと痛めつけてゆく。

映画の後半には、大学生たちとともに立てこもっている高校生を連れ出すために、高校の校長のグループが理大構内にやってくる。校長の代表は、未成年者は名前と住所を言えば逮捕されることはなく家に帰してもらえる、今なら最悪の事態はまだ避けられる、だからわれわれと一緒にここを出よう、と呼び掛ける。これは罠だ、そんな嘘に騙されるな、と反発する者もいるが、やがてひとり、またひとりと校長たちとともに外に向かう者が増えてくる。観続けるのが辛くなるほどのやりきれなさ、救いのなさ、絶望感が、画面の向こうから溢れ出してくるかのようだ。

『理大囲城』に映っている人物のカメラに対する反応は、大きく二種類に分かれる。まず警察隊の中には、自分にカメラが向けられていることがわかると、反射的に見返す者や、おもむろにこちらを見据える者もいる。カメラを見るひとたち。だが理大に立てこもった学生たちがカメラを真っ直ぐに見ることは、ほとんどない。中には思わず一瞥をくれる者もいるが、視線はすぐさま逸れる。これだけ大きく映っているからには、ごく間近にカメラがあることは明白なのに、カメラの存在を気にしている風には見えない。カメラを見ないひとたち。そのありようは、フレデリック・ワイズマンの映画のひとびとによく似ている。だが『理大囲城』の若者たちはカメラを見ないのではない。見れないのだ。見る余裕がないのだ。見て見ぬふりをすることさえ彼らには出来ない。そこに、ここに、カメラがあろうがなかろうが、カメラのレンズが自分に向けられていようがいまいが、そんなことはどうでもいい。それどころではないのだ。そして、それがよくよくわかったうえで、彼らにカメラを向けた者たちがいたのである。だから私たちは『理大囲城』という映画を観ることが出来た。そこに複数のカメラがあり、何人かのカメラマンがいたから。

3. カメラを見せないということ

先にも触れたように『理大囲城』にはカメラが映っているショットが幾つかある。それは、何人かいた撮影者の誰かが偶然映り込んでしまったのであって、もちろん意図的なものではない。あるいはこうも言えるだろう。そのショットを本編に組み入れるべきという編集段階での判断が、カメラが映っているという事実よりも優先されたのだと。ドキュメンタリー映画における編集という作業の基本的な条件は、撮影された素材しか使えないということである。『理大囲城』の編集者は、じゅうぶんな素材を持っていたわけではなかった。彼らは、自分自身が学生たちとともに理大に閉じこもっていた／閉じ込められていた何日間かのあいだに記録し得た映像をまとめ上げるしか、それで何とかするしかなかったのだ。何人もいたのだから、それは少なくはなかったかもしれない。

スマホでだって撮れるのだし。ただ、ひとつだけ言えることは、『理大囲城』の映像素材は、香港ドキュメンタリー映画工作者の意志とは無関係に有限だったのだということだ。しかしそれでも、あのとき、そこにカメラがなければ、あの出来事は、理大の内部で何が起こっていたのかは、当事者たちの記憶の中にしか存在しないことになってしまっていただろう。カメラがなければ映画は存在し得ない。あまりにも当たり前のこのことが、『理大囲城』ほど痛烈かつ痛切に響いてくる映画は、滅多にない。

映画には二極の方向性がある。その世界がカメラを含んでいる映画と、含まない映画。カメラ＝視線の主体が、それが見つめる現実の内部にある映画と、あくまでも外部に位置している映画。カメラ／マンの存在論的な消去へと向かうベクトルと、その紛れもない実在を潔く認め、肯定し、ときには強調しようとするベクトル。そのふたつの極のあいだに、さまざまなヴァリエーションがある。それは映画作家が意識的に選ぶことの出来る方法論であることもあれば、ただどれかを否応なしに選ばされるしかない場合もある。強調しておきたいのは、それが作家的資質や才能の多寡《たか》とは別の次元にある（ことがある）ということである。それは現実的・具体的な諸条件によって左右されるし、されるしかない。カメラを見る／見ない、カメラを見せる／見せないということは、主体的な選択ではなく、与えられた状況に対する応接の範疇にある。「カメラの存在論」は、政治的な問題なのだ。

『ボストン市庁舎』と『理大囲城』は、比較しようがない二作ではある。だが、フレデリック・ワイズマンが映画を撮ること、撮り続け（られ）ていることと、『理大囲城』のような映画が、あるときとつぜん生まれ落ちることのあいだには、深い懸隔《けんかく》と強い結線の両方があると思える。それは米国と香港の違いだけではない。トランプに堂々と対抗した市長の映画。中国の傀儡と化した統治権力に決然と抵抗した若者たちの映画。カメラを見ないひとびとと、カメラを見れないひとびと。

だが、ふと私は思う。もしもワイズマンが二〇一九年の香港にたまたまいたとしたら、そしてやはりたまたま理大の事件に遭遇したとしたら、彼は間違いなく学生たちと連れ立って大学に立てこもり、そして映画を撮っただろう。それは『理大囲城』によく似ているに違いない。

初出＝『ユリイカ』2021年12月号、青土社、二〇二一年

「事実」の復元、「時間」の修復

――セルゲイ・ロズニツァの「群衆」シリーズ

セルゲイ・ロズニツァのドキュメンタリー映画を観たのは、今回日本で公開される『国葬』（二〇一九）、『粛清裁判』（二〇一八）、『アウステルリッツ』（二〇一六）が初めてだった。この三本に示された非常にストロングな形式／方法への志向に興味を抱き、その後、海外版のＤＶＤで、『Blockade』（二〇〇五）、『Landscape』（二〇〇三）、『Revue』（二〇〇八／いずれも英語タイトル）の三作と、インターネット上で観ることの出来る数本の短編を観ることとなった。ロズニツァ監督のドキュメンタリーは現在までのところ二十一本あるそうだが、私が観たのはその半分にも満たない。したがって以下の文章は作家論未満の感想のごときものだと受け取っていただきたい。

とはいえ、今回の「群衆」シリーズ三作を観ただけでも、ロズニツァの非凡さは一目瞭然だろう。『国葬』と『粛清裁判』では、長期間にわたり半ば死蔵されてきた膨大なアーカイヴ・フッテージを緻密に繋ぎ合わせることによって、もともとはバラバラの断片であった映像を一連の出来事に仕立て上げている。私が観たほかの作品だと『Blockade』と『Revue』が同様にアーカイヴ映像を素材としてつくられていた（が、そこでは「出来事」よりも一定の「区域」や「時代」を、より総合的に表現するアプローチが採られていた）。一方、『アウステルリッツ』では、ザクセンハウゼンのユダヤ人強制収容所跡地を訪れる世界各国の観光客の様子を、カメラが淡々と、冷徹に捉え続ける。ロシアの街中の市井のひとびとの姿を、ゆっくりと右旋回するカメラで撮影したショットを延々と繋いだ、ややトリッキーな『Landscape』も同じ路線の作品と言えるだろう。

『国葬』や『粛清裁判』は、ファウンド・フッテージのみを使っている。それらは、かつて、どこかで、誰かが、何らかの理由で撮影した映像群である。すなわちロズニツァは、それらが撮られたそのときその場に居合わせてはいなかったし、そこでカメラが向けられていた現実を直視してはいなかった。彼が行なっているのは、一言でいえば編集＝モンタージュ、それのみである。だがここで重要なのは、ロズニツァによる編集を経て、われわれ観客に与えられるのが、作り手＝ロズニツァによる解釈や判断、彼自身の主張を反映させたものというよりも、たとえ実際にはそれそのままとは言えないとしても、確かに「事実」と呼ばれるものに限りなく漸近した映像なのだということだ。この点は非常に重要だと思う。この意味で、ロズニツァがやっていることは古典映画の修復や復元という作業に近い。だが、彼が修復し復元しているのは、もともと一本の映画、ひと繋がりのフィルムであったものではなく、過去の現実すなわち事実そのものなのである。

ロズニツァの映画には、スタンスとしては明らかに告発的なトーンがありはする。だが彼は、それをメッセージとして作品の内に書き込もうとはしない。そうではなく、惑る意味では観客に政治的・倫理的な判断は丸ごと預けるようにして、ただ単に「事実（少なくとも事実であったと考えられること）」を仮構し、提示してみせる。その抑制された姿勢が、かえって彼の意志の強さを感じさせる。このような事実＝過去の現実への視線が「現在」へと注がれたのが、『アウステルリッツ』などの「観察」系の作品ということになるだろう。ロズニツァの「観察」は、たとえばフレデリック・ワイズマンや、あるいは想田和弘の「観察」とはかなり異なっている。端的に言えば、そこには「参与観察」という次元が存在していない。いや、もちろんいかなるシチュエーションであれ、そこにカメラがある／あったという事実は消去されないのだから、多少とも「参与」の要素がありはするのだが、ロズニツァの「観察映画」では撮影が被写体に不可避的に与えるエフェクトは考慮の外に置かれている。むしろそれは、たとえばジェームズ・ベニングのような即物的でフォーマリスティックな「風景」への対峙に近い。だがベニングとは違い、ロズニツァの関心の的はあくまでも「人間」である。「人間」を「風景」のように撮っている、と言えばいいのかもしれない。

二種類の方向性は一見するとまったく別もののようだが、過去であれ現在であれ、監督（＝作者）であるロズニツァの主体性とは断絶した、彼の実存とは幾つもの意味で無関係に存在する／した「事実」を構成し記録／記憶しようとするという点において、両者は共通する姿勢に支えられている。過去の事実、現在の事実は、未来の事実への賭金、希望である。常にすでに流れ去ってしまうものとしての「時間」、すぐに壊れて消えてしまう「時間」を修復すること。ロズニツァは現在ベルリン在住とのことだが、ドキュメンタリー映画に対する彼のアプローチは、ハルーン・ファロツキやハルトムート・ビトムスキーによる客観的、唯物論的、分析的な作風からの影響も感じさせつつ、独自の方法／形式を確立している。

初出＝『群衆　セルゲイ・ロズニツァ〈群衆〉ドキュメンタリー3選』パンフレット、サニーフィルム、二〇二〇年

フェイク・ドキュメンタリーの擬態《フェイク》――セルゲイ・ロズニツァの「劇映画」

セルゲイ・ロズニツァ監督の「劇映画」が日本の映画館で一般上映されるのは『ドンバス』（二〇一八）が初めてである。彼はドキュメンタリーと並行して近年はフィクション映画も精力的に発表しているが、ドキュメンタリー映画でさえ二〇二〇年になってようやく紹介されたのだから、このおそろしくユニークな映画作家のフィルモグラフィはわれわれにとってまだまだ未知な部分が多い。それゆえ、今回の緊急公開には非常に意義があるのだが、ところでしかし、この『ドンバス』は、ほんとうに「劇映画」なのだろうか？

実を言うと私は当初、この作品をドキュメンタリーと勘違いしていた（私は試写の前に予備知識をほとんど入れない）。もちろん始まってすぐに、このカメラのありようと被写体の振る舞いは本物のドキュメンタリーではあり得ないとわかるのだが、しかしそれにしても、現実に親ロシア派による実効支配が続くウクライナの重工業地帯ドンバスの「日常」を複数のエピソードで描いたこの映画は、あまりにも生々しく、ときとして吐き気を催すほどリアリスティックである。そこにはビターブラックなユーモアがあり、挿話の表現は戯画的とも思えるのだが、私たちはその「ユーモア」や「戯画」が実際にドンバスで起きていることと、どれほど隔たっているのかを実はほとんど知らない。

それはただ事実ではないだけで現実そのものなのかもしれず、つまり真実を晒すものであるのかもしれないのだ。この判別のし難さに私たち観客はなんとも言えない居心地の悪さを感じる。いくらなんでもこんなことが現実にあるわけがない、という感想が、まったく無根拠な先入観でしかないのかもしれぬという思いを、この映画はいやというほどこちらに突きつけてくる。

この意味で、本作はいわゆるフェイク・ドキュメンタリーの手法を採用している。だがそれは単純なものではない。第一に、フレデリック・ワイズマンよろしく、なぜかカメラの存在に気づかない（かに見える）ひとびとの言動が活写される。しかしそれは「撮影された現実」ではなく「編集された劇」すなわちフィクションである。フェイク・ドキュメンタリーの定義は「ドキュメンタリーのフェイク」だが、この作品は「フェイク・ドキュメンタリーのフェイク」になっている。

そのことを明確に示すのが最初と最後のクライシスアクターのエピソードだ。俳優たちが扮装をして逃げ回る。だがそこは現実の内戦地域である。いわゆるヤラセだが、映画の結末で彼らは全員射殺され、現場に警察やメディアが大挙してやってくる。衝撃的なラスト。もちろんそれだってフィクションなのだ。

だがしかし、擬態されたフェイク・ドキュメンタリーをもう一度裏返すことで、この映画はドキユメンタリーとフィクションという二項対立をきわめて独特な仕方でなし崩してしまう。そのとき、もはや観客は、これが現実だ、とも、これはフィクションだ、とも言えない。『ドンバス』とは、そういう映画である。

初出＝『ドンバス』パンフレット、サニーフィルム、二〇二二年

「事実」の「物語」化について
――『バビ・ヤール』とセルゲイ・ロズニツァというフィルター

『バビ・ヤール』（二〇二一）はセルゲイ・ロズニツァのフィルモグラフィにおいて、先に公開された『粛清裁判』、『国葬』や日本未公開作『Blockade』、『Revue』と同じく、いわゆる「アーカイブ映像（Archival Footage）」を編集することで造られたドキュメンタリー作品である。ロズニツァは、どこかに長年のあいだ、保管／秘蔵／秘匿されていたフィルムを調査し、発見／発掘し、検証し、分析して、事の次第に即して緻密に繋ぎ合わせることによって、惑る一連の出来事を再構成してみせる。『バビ・ヤール』の場合、その「出来事」とは、一九四一年九月二九日と三〇日の二日間に起こった「バビ・ヤール大虐殺」である。第二次世界大戦中、ナチス・ドイツに占領されたウクライナの首都キーウ北西部のバビ・ヤール渓谷で、三万三千七百七十一名ものユダヤ人が射殺された。これはホロコーストの一件の犠牲者の数としては最多だという。映画は虐殺のきっかけとなった爆発から、正視に耐えないユダヤ人たちの即物的な死体、処刑を行ったウクライナ兵たちの裁判と絞首刑の様子までを、淡々とした、冷徹といってよいタッチのモンタージュで描いていく。

「アーカイブ映像」とは、何らかの理由や目的のためにムービーカメラによって記録された映像が、何らかの理由や事情によって公開されることのないまま収蔵庫（アーカイブ）に眠っていたものである。この意味で、それは二十世紀以降の産物と言ってよい。映像は今のところわれわれの現実感覚にもっとも近接した表象である。つまりまるでそのときその場に立ち会っていたかのような生々しい感覚を、映像はそれを観る者に与える。特にこの映画のようなおそるべき極限状態を記録した映像の場合、観客はいわば無力な目撃者への変容を強いられることになる。そのときその場に居合わせているのに、何も出来ない。しかもそれはすでに起こってしまったことであり、だからこそアーカイブ映像として残されていたのだ。

ホロコーストを題材とする映画は数多い、そのありようもさまざまである。劇映画ならばたとえば『シンドラーのリスト』（一九九三）と『サウルの息子』（二〇一五）はまったく違うタイプの作品だし、ドキュメンタリーなら『ショア』（一九八五）は『バビ・ヤール』の対極にある映画である。しかしどれも「二十世紀最大の悲劇」をいかにして描くのか、という問題意識に支えられていることは共通している。

では、アーカイブ映像のみを用いて「悲劇」を描こうとするとは、どういうことなのだろうか？映像に記録されていたのは、要するに「事実」である。もちろんその事実とは、事実そのままというわけではなく、あくまでも撮影された過去の現実の断片に刻まれた事実に過ぎないのだが、そもそもそれ以外の事実の記録は不可能である。だからその事実らしさ、記録された事実性が、先の「目撃者」感覚を促すのであり、われわれはそれらを観ながら、ここに映っている出来事が、過去の現実、すなわち事実として、あるときある場に出来していた、と認識することになる。

むろんポスト・トゥルース的なファクトとフェイクの融解（『ドンバス』を思い出そう）も無視出来ないが、それはロズニツァが厳しく事実性のフィルターを通したうえだとして、ひとまず『バビ・ヤール』に観客が観るのは全て「事実」なのだと述べてしまおう。アーカイブ映像がどのような状態で保存されていたのかわからないが、いずれにせよそれらはフィルムの断片の集積であったのであり、ロズニツァは複数のアーカイブから収拾したそれら事実どもを掻き集め、よくよく吟味し、時間的推移と事件の顛末を踏まえて、編集という作業を行っていった。

その結果、悲劇が立ち上がる。それはいわば叙事詩的な悲劇である。バビ・ヤールで起こったこと、起こってしまったことの一部始終をその場で目撃していた（のに何も出来なかった）者は存在していない。始まりの前から終わりのおしまいまで、全てに立ち会っていた者などいるわけがない。しかしその都度、撮影／記録された映像すなわち事実がどこかにあったおかげで、ロズニツァがそれらをモンタージュしたことによって、われわれは事実の断片でしかなかった映像を、まるでひと続きの悲劇的な、あまりにも悲劇的な物語のように受け止めることになるのだ。

そう、物語である。事実のみを素材とする、だが紛れもない、ひとつの物語。明快なドラマツルギーがあるわけではない。主人公や狂言回しがいるわけでも、巧みなストーリーテリングがあるわけでもない。だが、事実を繋ぎ合わせること、ただそれだけによって、言うなれば事実に潜在していた物語性が顕現することになるのである。

私はここにこそロズニツァの才能が存在すると思う。同じアーカイブ映像を与えられたとしても、ほかの監督なら『バビ・ヤール』のような映画にはならない。それはモンタージュの技術という問題（だけ）ではない。それを含む、事実にどう向き合うか、という姿勢の問題なのだ。『バビ・ヤール』にはロズニツァ自身が撮った映像は一秒もない。にもかかわらず、それは単なるアーカイブ映像の継ぎ接ぎとは違う。そこには、一九四一年九月二九日から三〇日にかけて起こってしまった決定的で絶対的で回収不能な過ち、二十世紀の人類の悲劇＝事実に対する、静かで痛烈な、冴え冴えとして痛切な視線がみなぎっているのである。

そして、あまりにも使い古されている紋切り型で恐縮だが、「物語」には「歴史」という意味もある。ロズニツァは、事実の刻印としての映像を編成し、それを物語として提示し、そのことによって歴史を描出する。彼は劇映画も撮っているが、実のところ、この類稀な映画作家にとって、ドラマとドキュメントの違いは、さほど重要なことではないのかもしれない。

初出＝『バビ・ヤール』パンフレット、サニーフィルム、二〇二二年

「手紙の時代」の映画——トーマス・ハイゼと百年の厚み

トーマス・ハイゼ監督『ハイゼ家 百年』(二〇一九)は、二百十八分という非常に長尺と言ってよい上映時間が、或るひとつの物語様式のみで維持される、きわめて禁欲的なスタイルの作品である。観ればわかるように、それはもちろん、監督自身もその末裔に連なる「ハイゼ家」の三代、すなわち「百年」の歴史を物語る、この異色のドキュメンタリー映画(しかしこれはほんとうに「ドキュメンタリー映画」なのだろうか?)が、ハイゼ家のひとびと及び、その知人友人たちの手紙や日記、文書など、つまり「書き残された文章」の朗読だけによって成されるということだ。しかも朗読するのは監督のトーマス・ハイゼ自身である。今回の日本初紹介にあたって特別上映されたほかの幾つかの作品を観てみると、ハイゼはかなり多様な作風を持っていると思えるのだが、この作品にかんする限り、この方針をほぼ徹底しており、ということは、まずは膨大な「書き残された文章」を蒐集し、それらを精読し、吟味することから、ハイゼは始めたわけである。

書物の世界には著名人の書簡集というジャンルが存在しており、日本の作家や芸術家などのそれも数多く出版されているし、外国人による書簡集の翻訳も結構ある。そこには私信であるがゆえのおおやけには隠された事実やプライバシーにかかわる秘密が潜んでいることがあり、ゴシップ的な興味から伝記研究まで、さまざまな興味関心によって編まれ、読まれている。そこで前提となるのは、基本的に手紙とは書き送られた者の側に保管されるもの、ということである。自分の手紙の写しをいちいち取っておく者もいなくはないが、そうでなければ書いた者のもとには手紙は残されない。したがって世にある書簡集とは、その多くが手紙の送り主ではなく、送られた者（たち）の提供（あるいは死後の発見など）によって成立している。日記や手記との決定的な違いはここにある。このことから言えるのは、書簡集としてまとめられる手紙は一方的になりがちであり、そして当然ながらそこには漏れがあり得るということである。失くされてしまった手紙は永遠に誰にも読まれることはない。確かに私信はしばしば秘密を開示してくれるが、そこには更なる秘密が知らずして埋もれたままなのかもしれないし、その手紙によって新たな謎が生じる場合だってある。

もうひとつ言えることは、こうしたことが「手紙の時代」の産物だということである。二十世紀の終わりくらいにインターネットのEメールが登場して以降、わざわざ手紙を書き送る習慣や必要はなくなった。もちろん今だってそれはどこかで交わされていることだろうが、そこにあるのはかつてとは異なる条件や理由であろう。だから私はよく、もう昔のような「書簡集」はむつかしいだろうな、と考えることがある。今後、誰かの死後にパソコンから大量のEメールが見つかって、それらが出版されることがないとは言えないが（じゅうぶんにありえることだ）、メールはやはり手紙とは違う。それに「手紙の時代」には「以前」もある。手紙が送り届けられるには郵便システムの機能が必須である。遠く離れた誰かに書き送る手紙がしかと受け取られるには、インフラとテクノロジーがいる。

こう考えてみるならば、『ハイゼ家 百年』は紛れもない「手紙の時代」の産物である。読み上げられる手紙には「下書き」もあるが、それがゆえにその文面がそのまま送られたのか、いや、そもそもほんとうにそれが送られたのかどうかさえ定かではない。ただ間違いないのは、あるときあるところでそれが書かれた、ということである。五章構成のこの作品は二十世紀の前半、ふたつの大戦の時期を描いた第一章が突出して長く、以後、一章ごとにどんどん短くなっていくのだが、それは使用可能な手紙（文書）の数量と関係しているのかもしれない。そしておそらく、EメールとSNSの時代になった現在、この映画の続きを撮ることは困難、いや不可能だろう。

ハイゼの創意と英断は、自ら読み続ける大量の手紙の内容にコメントをふすことを避けた点にある。残された手紙はただひたすら淡々と朗読されるだけで、そこに解釈や感想などは一切介在しない。保証されるのは、それらが実際に書かれた手紙（など）であるということだけだ。そして手紙とはそもそも私性に属するものなので、客観的な事実とは位相を異にしている。つまり私たち観客はこの映画を観ながら／聞きながら、いわば黙々と連ねられた分厚い、だが不完全な書簡集を読んでいるのである。

私たちはそれを聞きながら／読みながら、あくまでもこちら側で感情や想像や思考をさまざまに発動し、そこに書かれてあることと、書かれてはいないことを複雑に組み合わせ、腑分けしながら、百年という時間の中で、ハイゼという名の一族に何が起こったのかを推察するしかない。そしてそれこそが、ハイゼがこの大作によって成し得たかったことではないか。

そしてハイゼは、それらの朗読に、異様な美しさを放つモノクロームの映像を嵌め込んでゆく。イメージに音声がついているのではない。ここで起こっているのは逆のことなのだ。この作品が特異なのは、目を閉じて観るのと、耳を塞いで観るのとでは、同じ映画だと思えないということである。しかし、書き残された言葉をただひたすら感情を込めることなく読み続ける声と、旧東ドイツの現在の風景、それもあたかも記憶の中のそれのように鈍く輝く風景を捉えた映像を、同時に聞く／見る＝観るとき、静かな、だが驚くべきケミストリーが生じる。この映画の独自性と魅力は、そこにある。

初出＝『ハイゼ家 百年』パンフレット、サニーフィルム、二〇二一年

映画としての人生、人生としての映画

——原將人と「ホームムービー」

こんなことがあるのか？　そんなことがあっていいのか！

二〇一八年七月二八日、原將人と彼の家族をとつぜん襲った自宅の全焼という出来事を知ったとき、私はほかのひとたちと同様、そのあまりに不運に過ぎる災禍を信じられない思いだった。しかもこの突発事によって、あの『初国知所之天皇』（一九七三）をはじめとする原の過去作品のフィルムの大半が焼失してしまったというのだ。燃えさかる家に飛び込んだ彼は、何とかＰＣと新作のデータが入ったハードディスクだけは救出したが、その結果、重度の火傷を負うことになった。

その後、クラウドファンディングによって『初国知所之天皇』がネガフィルムからニュープリントされたのは不幸中の幸いだったと言えるが、それにしても、あんなことがあるのか、あっていいのだろうか？

『焼け跡クロニクル』（二〇二二）は、火事のその日から始まるドキュメントであり、クロニクル＝編年史である。本作に先立って原は同じ主題の『焼け跡ダイアリー』（二〇一九）を発表しているが、筆者はこの作品を未見である。だが少なくとも二点、『ダイアリー』と『クロニクル』の違いは挙げられる。まず第一に『焼け跡ダイアリー』は監督名義が原將人の単独だったが、『焼け跡クロニクル』は彼の伴侶である原まおりとの共同監督になっていること、それから第二に、『ダイアリー』から時間が経過し、そのあいだにコロナがやってきたことだ。

映画は「時間」の芸術であるとはよく言われることだが、私たちはこのことをどれだけ真面目に受け取っているだろうか。映画には「過去」しか映っていない。そこには「昔、あるところで」だけがある。これはフィクションだろうがドキュメンタリーだろうが同じことだ。けっして戻ることの出来ない過去の時間の断片の編集物を、われわれは「映画」と呼んでいる。

原將人ほどこのことに自覚的な映画作家は稀だろう。大島渚監督の『東京戰争戦後秘話』(一九七〇)のシナリオを書いたときから、それ以前にあの鮮烈な8ミリ映画『おかしさに彩られた悲しみのバラード』(一九六八)で脚光を浴びたときから、マルチスクリーンとライブ上映による『初国知所之天皇』を世に問うたときも、芭蕉の足跡を映画で追った『百代の過客』(一九九五)を完成させたときも、唯一の商業映画として当時人気絶頂の広末涼子を主演に『20世紀ノスタルジア』(一九九七)を撮ったときも、アンリ・ベルクソンの哲学にインスパイアされた『マテリアル&メモリーズ』(二〇〇九)で新たなフェーズに入ってから、六十三歳にして双子姉妹の父親となってからも、原は一貫して「すぐさま過去になってしまう現在」にカメラを向け、「かつては現在であった過去」を何度も繰り返し上映してきた。これほどまでに自分の生そのものの時間を撮影し、フィルムやデータに記録し続けてきたシネアストは、原のほかには故ジョナス・メカスぐらいしか思い浮かばない。

映画＝人生という等式は、しばしば聞こえのよい紋切り型として持ち出されもするが、原將人は文字通り、自分の人生を映画と、自分の映画を人生と、完全に等価なものとして生き、撮ってきた。生き続け、撮り続けてきた。だがしかし、それはまったくもって単純なものではない。私は以前、この特異なありようについて、(中平卓馬の写真と交叉させる仕方で) かなり長い論考を書いたことがある。その中で私は『初国知所之天皇』に出てくる「私は一つだけはっきりさせておこうと思う。私は映画を撮って歩いているのではないということだ。私において、映画が主役なのではなく、私が、映画の主役なのである」という驚くべき「宣言」を引用したあと、次のように書いた。

「私」が「映画」を撮っているのではない。撮っているのはカメラという「機械」である。だから「私」と「映画」のどちらも主語ではない。そしてそれは「私」と「世界」のいずれも主語ではありえない、と言うのと同じことである。

(佐々木敦「風景について」、『批評時空間』所収、新潮社、二〇一二年、一六〇頁)

そう、映画とはムービーカメラというメカニズム、即物的で情け容赦のない機構なくしてはあり得ない、テクノロジーに全面的に依存した芸術表現なのであり、その実体 (?) は映画作家の頭の中にも映画観客の記憶の中にも存在していない。映画はただ、カメラによって撮影され、フィルムやデータとして記録され、プロジェクターによって映写されるだけである。原はこの端的な事実の可能性と限界を誰よりもよく理解したうえで、自分の人生を、自分の映画を、生き、撮ってきたのである。

しかし『焼け跡クロニクル』には、そこに原まおみの視点/視線が重ねられている。このことによって、この作品は、以前の原作品にはなかったような——いわば母性的な——魅力を獲得している。ここにあるのは二重の「映画=人生」=「映画=人生」である。いや、二重ではない。ここには長男や双子姉妹の「生」も重ね焼きされているのだから。この映画は、もっとも正しい意味での「ホームムービー」なのだ。

苦難を乗り越えた老映画作家と、その妻、その子どもたちは、コロナ禍の世界を今も精一杯、元気に生き、撮り/撮られ続けているのだろう。この意味で、この映画は、ひとつの家族の複数の生を丸ごと収めた壮大な映画の予告編のようなものなのかもしれない。

初出=『焼け跡クロニクル』パンフレット、マジックアワー、二〇二二年

鏡の中の闇、闇の中の鏡
——奥原浩志小論

『ホテル・アイリス』（二〇二一）は奥原浩志監督の六本目の長編に当たる。第9回PFFスカラシップ作品として製作された商業映画デビュー作——それ以前に自主制作の8ミリ作品が数本ある——『タイムレス メロディ』（一九九九）に始まり、『波』（二〇〇一）、『青い車』（二〇〇四）、『16［jyu-roku］』（二〇〇七）、『黒四角』（二〇一二）、そして『ホテル・アイリス』と、およそ二十年で六本というのは寡作と言っていいだろう（そのあいだに実現しなかった幾つもの企画があったであろうことは想像に難くないが）。

だが、作家性の強い監督の近年のフィルモグラフィはそんなものなのかもしれない。もっと撮れていない映画作家だって日本には何人もいる。もちろん奥原が相対的に恵まれているなどとは口が裂けても言えないが、重要なことは、こんにちの「映画」が置かれた厳しい時代状況と複雑な成立要件の中で彼が一作一作撮り続けてきたということだけではなく、それぞれかなり異なった条件のもとで生まれた作品群にいかなる一貫性が刻印されているか、である。本稿では以上の問いに答えるべく、奥原の作品歴を一望してみることにしたい。

『タイムレス メロディ』は繊細さ（細心さと言ってもよい）と方法的野心、瑞々しさと或る種の堅実さが独特なバランスで溶け合った魅力的なデビュー作である。ビリヤード場で働きながら趣味で音楽を続けている青年、その恋人（?）でギターを弾く女子大学生、ビリヤード場に入り浸る船乗りの中年男、遠方からやってきた謎の男……LITTLE CREATURESの青柳拓次がナイーヴな主人公を好演しており、この題名ではあるが、いわゆる音楽映画とは趣を異にしている。全体は幾つかの章に分かれていて、時間軸は巧妙に操作されており、一見無関係とも思えるエピソードが終盤になって俄かに収束する。起こる出来事自体はかなりドラマチックなのに、仰々しさは皆無であり、淡々としつつも独特の空気感を湛えた忘れ難い作品になっている。

続く『波』は、男女四人の或る夏休みの物語である。海に近いホテルの受付で働いている青年、彼は五年半ものあいだ、刑務所に入っていた過去がある。東京の大学生だが毎夏こちらに長く滞在する青年の元恋人、婚約者に逃げられ、ひとりでホテルに泊まることになったもうひとりの女性、青年のかつての親友で、多額の借金を抱えて逃げて来た男、この四名の関係性が、ひと夏のあいだに変化してゆき、それぞれの結末を迎える。いつまでも終わらないかに思えた夏休みもいつかは必ず終わってしまうという、残酷な、だがごく平凡な真理を描き出した秀作である。ラストで起こる衝撃的な出来事の衝撃性の明らかに意図的な薄さは『タイムレス メロディ』と共通している。手前味噌で恐縮だが、ポストロック・バンド、サンガツによる隙間の多い印象的な音楽は筆者がプロデュースした。

よしもとよしとものマンガ（一九九五）を原作とする『青い車』は、登場人物たちの日常に寄り添うスタイルは変わらないが、過去には見られなかったエモーショナルな場面も存在する。幼少時に片目に傷を負って人前に出るときはサングラスをしている男。彼は中古レコード店で働きながらDJをしている。彼の恋人で不動産屋に務める女性と、どこか危なげな雰囲気の彼女の妹。彼は妹とも関係を持ってしまう。そのことを知った直後、恋人は交通事故で死亡する。残されたふたりは彼の青い車でドライブに出る。物語を語ることよりも、そこから漏れ落ちてしまう淡い感情を重視しているかに思われる姿勢は紛れもなく奥原ならではのものだ。

タナダユキ監督『赤い文化住宅の初子』（二〇〇七）のスピンアウト作品として製作された『16[jyu-roku]』は、上映時間七十六分とやや短めだが、十六歳の少女が俳優を目指して上京し、『赤い文化住宅の初子』であるらしき映画の主役に抜擢されるという、実際に『初子』に主演した東亜優をモデル（?）にしたメタ視点の作品になっている。だがもちろん、よくあるシンデレラストーリーとはまったく違っていて、映画の焦点はヒロインと幼馴染の少年の微かな心の交流に収斂していく。しかしそれさえも劇的な重みを持たされることはなく、映画は彼女の未来を暗示しつつ終わる。

五年ぶりの作品となった『黒四角』は、奥原が文化庁の在外研究制度で中国に長期滞在したことから生まれた意欲作である。全編、北京を舞台に北京語で演じられており、二時間半に及ぶ大作である。売れない画家のチャオピンは、或る日、上空に黒い四角が飛行しているのを見る。追いかけていくと、黒四角は着陸し、その中から素裸の青年が現れる。青年は一切の記憶を失っていた。チャオピンは彼を家に連れ帰り、「黒四角」と名付ける。映画はアーティストとしてなかなか芽の出ないチャオピンがもがき続けるさまを描きつつ、次第に黒四角とチャオピンの妹との恋へと重心を移し、やがて現実と虚構、現在と過去が幾重にも交錯する展開となる。チャオピンの妹が書いている幻想的な寓話と、黒四角の正体（?）、そして第二次世界大戦時の日本軍による中国への侵攻……奥原が初めて歴史的・政治的なテーマに取り組んだ作品であり、と同時にメタフィクショナルな構造やユニークな語りのアプローチは明らかに『ホテル・アイリス』と繋がっている。

公開タイミングだと十年近いブランクを経て完成した『ホテル・アイリス』は、小川洋子の同名小説（一九九六）を原作とするミステリアスな作品である。奥原は原作小説のニューロティックでエロティックなムードを活かしつつ、基本的な設定と筋立ては大きく変えずに自分自身の作品にしている。夏のあいだだけ賑わう海沿いの観光地、そこで祖父が遺したホテル・アイリスを営む母と娘。のんだくれの父親は溺死体で発見された。母親は男漁り。まだ若い娘は欲望と暴力性を内に秘めている。或る日、彼女は離れ小島に独りで住む中年男と知り合う。男は以前、ホテル・アイリスで売春婦に暴力を振るっていた。彼はロシア語の翻訳家で、目下或る小説を訳している。男は彼女を求め、彼女もそれに応じる。倒錯的な行為が、ふたりを結びつけていく。売春婦の死体が発見される。いつのまにか男は甥だという青年を家に住まわせている。血は繋がっておらず、実は甥でもなくて、死んだ妻の連れ子なのだった。現在、過去、小説の中の物語、手紙に書かれた出来事、夢、幻想、などなどが入れ子細工のように絡み合い、何がほんとうなのか皆目不明のまま、映画はクライマックスへとひた走ってゆく。

小川洋子の小説には舞台がどことはっきりわかるような記述はない（意図的に曖昧にされている）。だが映画は全編、台湾の金門島でロケーションされており、濃厚な異国情緒に包まれている。原作の影響源のひとつはおそらくマルグリット・デュラスの世界だろうが（もうひとつは谷崎潤一郎だろうか）、奥原の語り口はデュラスのそれよりもリアルかつセンセーショナルであり、それでいていったい真実がどこにあるのかは、いつまでたっても不分明なのだ。むしろ映画が先に進むほどに謎は増殖してゆき、観客は妖しく、激しく翻弄される。最後に残るのは、体を覆い尽くすような気怠さと、それと矛盾しない陶酔、恐怖や嫌悪に限りなく似たロマンチシズムである。

『ホテル・アイリス』は、奥原の新境地とも言えるが、過去の作品ともさまざまな回路で繋がりを持っている。翻訳家の男が抱える虚無と欲望は、『青い車』の主人公の焦燥や、『波』のふたりの青年の不安定さと、明らかに相通じている。女たちもまた、いわば受動的な能動性というか、男たちに視線や欲望を注ぎ込まれながらも、苦しみとも悦びとも異なる生のありようを鮮やかに示していて、受け入れることによって抵抗、いや攻撃しているかのような不思議な存在感は、『ホテル・アイリス』と、それ以前の作品群を、その濃淡はさまざまであるが、真っ直ぐに貫いているように思われる。

六本の映画を観（直し）てあらためて思い至ったことは、登場人物の造型の特徴だけではない。

筆者が気になったのは、鏡、そして闇、いや黒である。奥原の作品には、人物が鏡を見据える場面が何度も登場する。それは端的に、自分は何者なのか、という問いと、自分は結局のところ何者でもない、という諦念とも絶望とも言えるだろう答え＝認識の、隠喩である。鏡に映った自分はもうひとりの自分であり、自分ではなく、自分でしかない。『ホテル・アイリス』や『黒四角』や『青い車』に見られる「分身＝自己の複数化」というテーマも、このことと繋がっている。問題は、自分が何人もいる、ということではない、その反対、自分はひとりしかいない、ということなのだ。言うまでもなく、これは甚だ実存的な問題である。そしてこの問題が、闇と、黒を招き寄せる。

黒四角、それは黒い四角い板、いわゆるモノリスではない。それは物質ではなく空間、ブラックホールである。闇、黒、虚、無なのである。『黒四角』ではタイムトンネルのような機能を持っていたが、ほんとうはそこには何もないのだ。何もないのだが、にもかかわらず、そこには黒が、闇が、ある。確かにある。ないのにある。あるのにない。詭弁を弄しているのではない。ここに奥原浩志という映画作家の、言うなれば「人生」や「世界」に対する態度が覗いている。

鏡の中に闇があり、闇の中に鏡がある。鏡を見れば常にそこには自分がいる。いないのにいるのにいない。自分はふたりではなく、ひとりしかいない。人生も世界も、一度にひとつしか体験出来ない。そして、そこには結局のところ、何もありはしないのだ。

これはペシミズムだろうか。いや、こう言ってよければ、これはひとつの人生哲学である。映画作家は映画で哲学を語る。思えば奥原浩志の映画には、たびたび黒みが、いわゆる黒画面が挿入される。それは物語の流れを、シーンやショットを切断し、分割するだけではない。そのたびごとに観客は、黒と、闇と、無と、否応なしに向かい合わされているのだ。

初出＝『ホテル・アイリス』パンフレット、リアリーライクフィルムズ・長谷工作室、二〇二二年

「本の未来」のための新たな寓話
——吉田大八『騙し絵の牙』

『騙し絵の牙』(二〇二〇) の舞台となる大手出版社「薫風社」は、敢えて名前は挙げないが誰もが知る複数の出版社の要素をミックスし、フィクションならではの味付けを加えたものだと推測出来る。私も観ながら「ああ、ここはあの会社だな」、「あれはあそこのことかも?」などと想像を逞しくしていた。長年、出版業界の隅っこで細々と仕事をしてきた身からすると、映画の中で描かれる人物や出来事にはリアリティを感じる部分もあれば、かなりカリカチュアライズされていたり、さすがにオーバーに思えるところもある。だがこれは当然のことだろう。原作者の塩田武士も、監督の吉田大八も、この作品をリアリズムだとは思っていないはずである。しかし、にもかかわらず、それでも『騙し絵の牙』は、現在とこれからの「出版」、すなわち「本の未来」に強いメッセージを発しているのだと私には思える。

出版業界を描いたフィクションは結構たくさんあるが、『騙し絵の牙』の特徴は、いわゆるプロジェクトX的な、池井戸潤的な「弱小企業が社員の知恵と努力を結集してどん底から這い上がる」

といった方向性ではなく、基本的にはまだしも勝ち組の大出版社を舞台にしていることである。本作の主筋を成しているのは社内抗争であり、物語の見どころは主人公の片方である雑誌『トリニティ』の編集長の速水が、いかにして社内の敵や障害を排除してゆくかであり、トリッキーなストーリー展開の妙味は、いわゆるコンゲーム映画のそれだと言ってもよい。確かにトリニティ編集部は薫風社の不採算部門という設定になっており、速水は独自のアイデアと決断力とハッタリで部数減からの逆転を果たしていくのだが、これはそういうサクセス・ストーリーとはちょっと違う。それに不採算部門と言うならば、実はそれは速水が対抗していく歴史と権威はあるがけっして売れてはいない文芸雑誌『小説薫風』も同じなのだ。つまりこの映画の基本構造は、大きな出版社に属する小さな雑誌同士の抗争なのである。

ここで重要となるのが、もうひとりの主人公である薫風社の新米編集者の高野である。彼女は無類の小説好きだが、文壇の重鎮である老作家のご機嫌を損ねて小説薫風の編集部を追い出され、トリニティ預かりとなる。彼女の実家は小さな書店を営んでおり、母親はおらず、父親がひとりで店を切り回している。とぼけた顔で飄々としながら次々と奇策を打ち出していく速水の下で働くことで、高野も少しずつ変化していくのだが、映画が進んでいくにつれて際立ってくるのは、むしろふたりの違い、より詳しく言えば行動原理の違いである。何をもっとも大切なことだと思って行動しているのかが、速水と高野では大きく異なっているのだ。これもまた既存のパターンとは一線を画している。一匹狼だが熱い志を持った上司に純真な部下が影響を受けて成長していく、という話にはならないのだ。観客は最終的に、この映画におけるライバル関係が、「トリニティ対小説薫風」というよりも、惑る意味では速水と高野なのだということに気づいていく。

そもそも物語の前提となっているのは、薫風社の創業一族の社長が急逝し、次期社長をめぐる社内闘争の中でコストカット派の専務の東松が推し進める雑誌の廃刊・休刊の嵐である。そして繰返すが、企業の論理、資本主義的な非情な判断に従えば、『トリニティ』も『小説薫風』も同じ穴の狢なのだ。しかしどんな雑誌であれ、それを作っている編集者たちによって色々と変わってくる。粛正を是とする者が悪とは限らないし(あとから見ればそれが会社を救った英断だったことになる可能性はもちろんある)、弱小部門を守ろうとする側が正義だとも限らない(自分の立場を守っているだけかもしれない)。こうした部分を映画はかなり細かく描写しており、主人公たち以外の登場人物の言動を詳しく見ることで、編集者・出版人のさまざまなタイプを知ることが出来る。そしてその中で、速水と高野はそれぞれに、ステレオタイプから微妙に、だが決定的にズレた人物として造形されている。

速水の得体の知れなさは、彼がただ単に権謀術数《けんぼうじゅっすう》に長けた、しかもその鋭い「牙」を隠すことにも長けた、頭脳明晰で冷静沈着な人物であるから、だけではない。これは原作者が当て書きをした大泉洋の演技によるところが大きいが、彼の得体の知れなさは、裏に冷酷な策略家の顔を隠しているからではなく、更にその裏に、本人も忘れかけているような純粋な思いが隠されているからなのだ。速水のキャラクターは二重底、三重底になっており、重要なことは、彼が実はとてつもなく

「デキる」男だったということではなく、彼がほんとうはどんな人間なのか、なのだ。
だが映画の中で、観客がこの問いの答えに完全に辿り着くことはない。それが垣間見えるのは、ラストシーンになってからである。そして速水の仮面をわずかであれ剝がしてみせるのが、高野なのである。

速水が仮面を織り重ねているのだとしたら、高野は経験を通して、新たな仮面を身につけてゆく。彼女の内には最初から、大手出版社と個人経営の小さな本屋、というコントラストがある。それは当然、葛藤を生むことになるのだが、むしろ彼女は速水とかかわり、トリニティで仕事をすることによって、自分のやるべきこと、ほんとうにやりたかったことを見つけ出してゆく。それは「大」と「小」が、単純な対立関係や上下関係から脱して、新しい関係性を結んでいくことだ。映画の最後の高野は、ただの本好き、小説ファンではない。彼女は、誰が見たっておそろしく厳しい、そして今後ますます厳しさを増していくことが明らかな「本の未来」において、自分のやり方で闘っていくことを選んだのだ。

『騙し絵の牙』は一種の寓話である。こんなことはさすがに現実には起こらないだろう。だがしかし、この映画には「本の未来」への希望が宿っていると私は思う。その理由は、おおよそ書いた通りである。

初出＝『騙し絵の牙』パンフレット、松竹、二〇二一年

時間の「背」を捉えるために——吉増剛造×空間現代×七里圭

この映画（『背　吉増剛造×空間現代』（二〇二二））を観終えて最初に思ったのは、これは一曲だということだった。全一曲、六十三分の一枚のアルバムを聴き終えたかのような、強く鋭い印象。実際には空間現代の演奏は幾つかのパートに分かれているが、これはそういう話ではない。

私たちは音楽を、或る一曲を、全体として一度に把握することは出来ない。音楽は常に或る長さを——一瞬だろうと途方もない長さであろうと——有しており、早回しということもあるにはあるが、それにしてもけっして零ではない時間＝持続が、それを聴くためには必要となる。三分の曲を聴くためには三分が必要なのであって、倍速にしたら情報量が圧縮されるだけで体験としての聴取はまったく別ものになってしまう。

当たり前のことである。そしてこれは映画も同じだ。

ところで、これも当たり前のこととして、私たちは一枚の「絵」——それがいかなるものであれ——を見るとき、やはりけっして零ではない時間を必要とするが、その長さは恣意的なものであり、ぱっと見て通り過ぎることも出来れば、とても長い時間、その前に目を据えていることも出来る。だがその時間は音楽や映画のように固定されてはいない。固定されているのは絵のほうなのだ。音楽や映画は動いており、絵（や写真）は止まっている。

だが、次のことも言える。一枚の絵には、画家がそれを描き始め描き終えるまでの時間が畳み込まれている。これが絵と写真の違いだ。写真はシャッターを押せば瞬間が凝着するが、絵はそうはいかない。絵筆の最初の一振りから最後に手を離すまで、それはひと繋がりであることも断続的であることもあるだろうが、いずれにせよ或る有限の時間＝持続がそこには確実に存在していたのだ。

さて、ならば言語はどうか。たとえば詩はどうなのか。この意味で、言葉は絵と似ている。「わたし」と書くのにも或る時間が流れる。私たちが一編の詩を読むとき、そこにはやはり或る長さの時間が流れるが、言葉のほうはすでにいちおう固定されたものとしてそこにある。読む者は、詩人がそれを書き上げるまでにどれだけの時間を必要としたのかを知る術はない。だが間違いなく、そこには過去の或る長さの時間が畳み込まれている。それが具体的な長さを持つのは、詩人がその詩を朗読するとき、それからもうひとつ、詩人が目の前で一編の詩を書き上げてみせるとき、である。

この映画にはほぼ吉増剛造ひとりしか映っていない。そのときその場で演奏している空間現代は最後まで一度も画面に姿を現さない。音だけが聞こえている。一時間を超える詩人の振る舞いをパフォーマンスと呼んだ途端に多くの失われるものがある気がする。そんな便利な言葉よりも、もっと単純かつ複雑に「書くこと」を彼はしてみせるのだと言いたくなる。「書くこと」は「描くこと」でもあるのだが、ここでは「描くこと」は明らかに「書くこと」の一種である。そして更に、詩人にとっては、或る種の詩人にとっては、とりわけ吉増剛造という詩人にとっては、朗読もまた「書くこと」とほとんど同じことなのだ。朗読とは通常、すでに書き終えられた言葉を声によって表象＝再現するものだが、それはときとして、声によって書き直すことでもある。しかも吉増剛造の場合は、ただ読むだけではない。全身と五感を総動員して「読む」。それは一種の演奏でもあり、彼が奏でる音楽は空間現代のギター、ベース、ドラムスと衝突し、交錯し、融合し、離反しては絡み合う。

ひとりと一組の演奏が終了したとき、一枚の絵――そう、あれもやはり「絵」なのだと思う――が仕上がっている。それはそこにある。私たちはその一部始終を目撃した。それは約一時間の映画であり、約一時間のアルバムのようでもあるのだが、ほんとうは、もっと多種多様な無数の時間が流れ去っていたのだ。

透明なガラス板、切り離された窓。詩人は「鏡はつまらない」と言う。鏡を覗いても、そこには自分しか映っていない。鏡を見つめても、自分の瞳と出会うのみだ。そこにはけっして、自分の背中は映っていない。背。私の背。あなたの、世界の、背。自分の背を見るためには、たとえば映像というものがある。カメラは背を撮ることが出来る。カメラは背を撮るためにこそあるとさえ言ってもいいかもしれない。それは「私は私である」という完全無敵なトートロジーから抜け出るための装置であり、七里圭はそのことをよくわかっている。彼は吉増剛造と空間現代の「背」を撮影しようとした。

ガラス板の両面を行き来して筆を揮い紙束を手に咆哮する詩人は喉の調子がよくないと言ってマスクをしており、これがコロナがやってくるよりも前の出来事だと知ると異様に感じてしまう。これのあとまもなく、私たち全員は厄介な病いに背後から襲われ、今もそれは続いている。

一枚のアルバム、一枚の絵、一編の詩、一編の映画は常に過去形である。だがしかし、それが聴かれる／見られる／読まれる／観られるのは、常に現在形においてでしかない。この映画は二〇一九年一一月の或る一時間を、二〇二二年の秋の或る一時間に、現在進行形で再生する。何度でも再生する。私たちはひとりの詩人と三人の音楽家、そしてひとりの映画作家が、同じ時間を共有しつつ複数の時間を生成するさまに立ち会う。何度でも。時間の「背」が、そこに仄見えているかもしれない。


初出＝『背　吉増剛造×空間現代』パンフレット、チャーム・ポイント・シネマトリックス、二〇二二年

ふりだしに戻る／TIME AND AGAIN――『ゴジラ S.P』の円城塔論

すべてを知っていたのに、意味はまったく分からなかった

『ゴジラ S.P』は、二〇二一年の四月から六月にかけて地上波テレビで放映され、Netflixでも配信されたテレビアニメシリーズ（全十三話）である。制作はボンズとオレンジ。監督は高橋敦史。そしてSF考証とシリーズ構成、全エピソードの脚本を円城塔が担当している。

私はアニメファンではなく、ゴジラファンでもないが、円城塔の愛読者であり、彼の小説について折々の機会に文章を書いてきた。なので今回も非常に楽しみにしていた。期待は裏切られず、『ゴジラ S.P』は円城塔の新作と呼んで然るべききわめてユニークな作品になっている。本論はアニメとしての『ゴジラ S.P』を論評するものではなく、あくまでも同作を通した「円城塔論」の試みであるということをあらかじめお断りしておきたい。というか、私にはそれしかやれないのだが。

アニメに限らず、こうしたシリーズものではよくあることだが、『ゴジラ S.P』も最終話でいちおうのストーリーは完結しつつ、次なる展開（シーズン2？）に含みを持たせた終わり方になっている。実際に続編があるのかどうかは知る由もないが、とりあえずはひと繋がりの、ひとつの始まりがあってひとつの終わりがあるひとつの独立した物語——実はこのことが本論においては大変重要なのだが——として観て、いや、読んでいくことにしたい。

十三話のエピソードによって物語られるのは、長く充実した歴史を有する「ゴジラ」シリーズの基本設定や道具立てを要所要所で押さえつつも、過去の作品群とはかなり毛色の異なるストーリーである。惑る意味で『ゴジラ S.P』は「ゴジラ史」とは意識的に切断された次元にあるとさえ言ってもよいかもしれない。

とは言うものの、何しろ円城塔がシナリオを書いているのだから、あらすじを述べることさえまったくもって容易ではない。何がどうしてどうなって、ということを最低限述べるだけでも紙数が尽きてしまいかねないが、かといって何も書かないと未見の方にはさっぱりわからないと思うので、出来るだけ掻い摘んで筋立てを記す。『ゴジラ S.P』とは、おおよそこういう話である。

ときは二〇三〇年の近未来。町工場でありながら高度な技術力を持つオオタキ・ファクトリーに勤める天才プログラマー／エンジニアの有川ユンは、相棒の加藤侍と、とある無人の洋館で夜な夜な聞こえるという奇妙な歌曲の出どころを調べていく内に、旧態依然とした電波観測所「ミサキオク」から異常な電波信号が発されていることを突き止める。ミサキオクでもそのことは認識されていたが、原因は不明。「存在しない生物」を研究する大学院生の神野銘（メイ）は、海外出張中の指導教授の代理としてミサキオクに赴き、謎の信号の解析に当たる。いわゆる「主人公」はこのふたり、メイとユンということになるだろう。国際的に知られた科学者でありながら見た目も振る舞いも昔気質のオオタキ・ファクトリー社長、大滝が発明した作業用大型ロボット「ジェット・ジャガー」が地元のお祭りの余興に駆り出されていたところにとつぜん、空から巨大怪鳥ラドンが現れる。成り行き上、ジェット・ジャガーはラドンと戦い、ユンの機転によってなんとか勝利するが、それは続々と登場する怪獣たちの襲来の前哨戦に過ぎなかった。

その後、ラドンだけでなく、アンギラス、サルンガ（シャランガ）、マンダ、クモンガ、モスラ、そしてゴジラが、日本のみならず世界各地に出現し、人類は一挙に危機に瀕する。メイとユンはそれぞれの立場で、この怪現象の解明と対策に奔走する。どうやら怪獣のとつぜんの大量発生は紅塵という特殊な砂（?）と、「アーキタイプ」と呼ばれる謎の物質がかかわっているらしい。メイは国際合弁会社シヴァ共同事業体の顧問である李桂英《リー・ケイエイ》博士の招聘でドバイに向かい、その後、ロンドン、インドと地球上を転々とすることになる。

ゴジラをはじめとする怪獣の正体、ミサキオクの地下にある巨大生物の骨、シヴァ共同事業体が極秘で開発するオーソゴナル・ダイアゴナライザーなど、数々の謎の交点に、やがてひとりの人物が仄見えてくる。葦原道幸。五十年前に失踪した異能の科学者で、冒頭の洋館の持ち主でもあった。葦原が残したノートを解読したメイとユンは、そこに間もなく迫る「破局」の日時が予言されていることを知り、世界の終わりを回避するべく奮闘する……やっぱりだいぶ端折らざるを得なかったが、だいたいこんなストーリーである。

さて、まず述べておくべきは、第一話「はるかなるいえじ」の冒頭、すなわち『ゴジラ S.P』のそもそものはじまりに、複数の子どもたち（?）の声で、次のようなナレーションが語られることである。やや長くなるが、全てを引用する。

これは僕が（これは私が）、いろんなことが分からなくなるまでのお話
謎は解けて、不思議が増えて、事件は終わり、片づけが増え、僕たちが（私が?）、以前よりも人間らしく、人間のことが少し分かるようになるまでのお話
遠回りも、回り道も、寄り道も、人間の愚かしさも、今ではそのすべてが必要だったんだと分かる
答えはいつも目の前にあり、答えは世界そのものであり、答えは問いの中にあり
気がつくとお話は始まっていて、結末はもう決まってしまって
過去を変えられるのなら、現在はすでに変わったあとの未来
私はすべてを知っていたのに、意味はまったく分からなかった
ここにたどり着くために、ずいぶんとかかってしまったけれど、そのすべてが必要だったんだ
今、このときまで
目の前で起こっていることを理解するまで
そうしてお話はこう始まる

驚くべきことに、『ゴジラ S.P』という物語の何もかも、より精確に言えば、『ゴジラ S.P』が語る物語が何を言わんとするのかの何もかもが、ここにあらかじめ全部述べられている。もちろん「お話」は始まったばかりなのだし（というか、まだ始まってさえいない）、語る声たちは遠近や強弱や大小がまちまちなのでよく聞き取れず、最終話「はじまりのふたり」でもう一度繰り返されたときにようやく、観る者はこれが『ゴジラ S.P』のサマリーでありステートメントでもあったということを理解するのだが。

そして、わかる方にはすでにおわかりのように、この（敢えてこの語を使うが）メッセージ、複数の匿名の声によって語られるひと続きのモノローグ／ポリローグは、円城塔という小説家が、そもそもの最初から繰り返し語ってきたことのn度目の反復である。

円城塔のデビュー長編『Self-Reference ENGINE』（二〇〇七）は、次の一文で始まっていた。「全ての可能な文字列。全ての本はその中に含まれている」。露骨にボルヘスな言明だが、その先はこう続く。

しかしとても残念なことながら、あなたの望む本がその中に見つかるという保証は全くのところ存在しない。これがあなたの望んだ本です、という活字の並びは存在しうる。今こうして存在しているように。そして勿論、それはあなたの望んだ本ではない。

（円城塔『Self-Reference ENGINE』、早川書房、二〇一〇年、九頁）

ここで重要なのは、「あなたの望んだ本」ではなくとも、ほかならぬ「この本」が「その中」に含まれていることだけは間違いないということである。なぜなら、今「あなた」に読まれている以上、それはここにあるからだ。「この本」すなわち『Self-Reference ENGINE』が現に目の前に読まれ（得）るものとして実在しているからには、それが「全ての可能な文字列」の「部分」を構成していることに疑いを差し挟む余地はない。だが、望む／望まないという仮想的な条件を導入した途端に、事態は著しく困難になってしまう。存在が可能であること、存在が不可能ではないということと、そのそれの存在証明のあいだには、歴然たる断層が存在しているからだ。けれども、ただ単に、それが今ここにありさえすれば、わざわざ証明などするまでもなく、それは確かに存在しているのだし、存在する。

当たり前だと思われるかもしれないが、これこそが『ゴジラ S.P』の冒頭で言われていたこと（のひとつ）である。円城塔は、自分がシナリオを書いたアニメの始まりに置かれた宣言を、自分の最初の小説の冒頭、小説家としての始めの一歩の時点で、すでにして告げていたのだ。「答えはいつも目の前にあり、答えは世界そのもの」であり、「私はすべてを知っていたのに、意味はまったく分からなかった」ということ。「中国語の部屋」としての「バベルの図書館」？

知っているのにわからないことがあるということは、知らないけれどもわかっていることがあるということと裏表である。だが、ここで「すべて」と言い出すから話は厄介になる。全知の仮定は無限の措定《そてい》と同じで、実際に全てを確認するには永遠が必要になってしまう。全てを知っている私は、私が全てを知っていることを知っていても、それをじゅうぜんに証明するためにはやはり、ひとつずつ挙げてみせては知ってる知ってるとひたすら言い募っていくしかない。そしてそれはどうにも現実的ではないので（どのみち現実的な話ではないのだが）、結局のところ、（私は）全てを知っているという言表は、検索機能を喪失した究極のデジタル・アーカイブのような、認知症を患った万能の神のようなことにしかならないし、それでいいのである。何かが存在しないことの証明（の不可能性）を「悪魔の証明」と呼んだりするが、存在を証明出来ないからといって存在しないことにはならないのと同様、非在を証明出来ないからといって存在するとは限らないし、たとえ証明が出来たとしても、この世界の誰ひとりとしてそのそれに始めから終りまで遭遇し得なかったとしたら（それを「証明」するのも不可能だろうが）、それは果たして存在している／いたと言えるのか？

だから身も蓋もなく言ってしまうなら、そのそれの存在は、実は存在してました、という動かし難い事実が立ち現れたときに遡行的に認められる、存在証明が成される。そしてもちろん、そんなのを「証明」とは呼ばない。端的な事実に証明プロセスは不要だからである。それはただ、そこに、ここにあるだけのことだ。

神野銘＝メイは「存在しない生物」について研究している。『ゴジラ S.P』の世界が従来の「ゴジラ」と根本的に異なっているのは、ゴジラの誕生と放射能汚染の問題を切り離したことにあるのではなく、存在しない生き物が存在しないまま現れるという、架空とか仮想とか想像などといった言葉によって名指されている或る種の働きに対して、まったく新しいアプローチを示してみせたからにほかならない。そう、ゴジラは存在しない。ほかの怪獣——いずれも過去の「ゴジラ」でお馴染みの連中である——も皆、存在していない。ゴジラたちは存在しないのにもかかわらず世界に出現し、だが存在していないので結局は存在しない／ことになる。『ゴジラ S.P』の結末に待っているのは、まさしくこのような事態である。これは詭弁ではない。『ゴジラ S.P』のゴジラは、以前の「ゴジラ」とは、棲まう場所が、虚構の階梯が、存在論的な位相が違うのだ。

存在しないものの存在証明は存在しなくなることによってのみ完遂する。ゴジラも、そのほかの怪獣も、紅塵も、アーキタイプも、アニメだから、フィクションだから、絵空事だから、そんなものは現実にあるわけではない、という誰もがわかっている大前提とは別に、『ゴジラ S.P』の世界の中でさえ、ほんとうは存在していない。実際それは、存在しなかったものが存在しなかったことになる物語なのである。存在しなくなったときに初めてそれが存在していなかったことが明らかになる物語が、『ゴジラ S.P』なのだ。

このことは物語の鍵を握る、いや、物語を終わらせる鍵である「オーソゴナル・ダイアゴナライザー」に端的に示されている。「直交行列による対角化」とは線形代数すなわち純粋な数学上の技法であり、数式には書けても具体的にイメージすることは出来ない。そもそも何が存在しているのか、そもそも何を存在と呼ぶのか云々は哲学の範疇だが、数もしくは数学的な対象は、実在しているとは言えず、あると言えるかどうかもともかく、しかし思考可能ではあり、その限りにおいて存在している。存在しないが存在している。この意味で、円城塔が依頼された「SF考証」の「SF」とは「サイエンス・フィクション」である以上に「スペキュレイティヴ・フィクション」であったということになるだろう。「ないものの存在」(田中小実昌)こそ、円城塔と呼ばれている人物を「小説」に招き入れた最大の誘因なのだから。

こうして全てはふりだしに戻る

『ゴジラ S.P』でもっとも重要な台詞は「解けばわかる」である。物語のまだ序盤、第三話「のばえのきょうふ」に出てくるユンとメイのチャット、というかおそらくはユンが開発した高機能軽量サポートAI「ナラタケ」のユン側＝ユングとメイ側＝ペロ2――どちらも最初はスマホに搭載されているが、ペロ2はやがて可動式となり、ユングはジェット・ジャガーと一体化して、惑る意味ではふたりの主役以上に活躍することになる――のチャットでユン／グが「14980c8b8a96fd9e279796a61cf82c9c」とタイプし、「みたいなこと」で「解けばわかる」と続ける。この時点ではメイ（ペロ2?）には何のことだかわからないのだが、これは実はハッシュ値であり、戻してみると「解けばわかる」という文が現れる。つまり「解けばわかる」と言われて「14980c8b8a96fd9e279796a61cf82c9c」を解けば「解けばわかる」だったことがわかるのだ。これはトートロジーでさえない。一種の「自己言及機関」であり、情報量としてはほぼ零である。

だが、ここでけっして軽視されてはならないのは、解けばわかるが解かないとわからない、ということだ。Q.E.D. とともに消滅する式があったとして、それでもそれは解かなければ消えてくれない。そう、「答えはいつも目の前に」あり、「答えは問いの中に」あるのに／あったのに、それでも「目の前で起こっていること」を理解するためには、「遠回り」が、「回り道」が、「寄り道」が必要なのだ。「答えは世界そのもの」なのだとしても、それでも尚、世界の謎を解こうとする、世界の秘密を開示しようとすること。こうして、ここまでの話は、「時間」をめぐる問題へと繋がることになる。なぜなら、解けばわかるが解かないとわからない、ということは、最初から決まっているが最後にならないとわからない、ということとほとんど同じであるからだ。

葦原教授の「予言」には世界の「破局」の精確な年月日時分秒が書き込まれていた。それを知ったメイとユンは何とかそれを食い止めようとする。物語の最後の展開はいわゆる「ラスト・ミニッツ・レスキュー」となり、観客は手に汗を握って最終話を見守る。だが、少なからぬひとが肩透かしを食うことになるのではないか。なぜならば、「破局」が回避されることは最初から決まっている／いたからだ。それはそうに違いない。予言が絶対的に正しいのであれば、最終的に「破局」が回避されるなら、当然それも始めから書き込まれているに決まっている。そうでなければ「破局」の予言自体、信じるに足らないことになってしまう。だからこれは論理的な必然なのだが、それでも何だか騙されたような気持ちにさせられることは確かであって、この結末に乗れるかどうかが『ゴジラ S.P』の評価を二分するだろう。

だが、これこそが円城塔がやろうとしたことなのだ。そしてこのことも始めから述べられていた。「結末はもう決まってしまって」いるのだと。『ゴジラ S.P』では、物語られる物語と、その物語り方／物語られ方とが、驚くべき合致を見せる（「解けばわかる」が教えてくれるのもこのことだ）。それは「ここにたどり着くために、ずいぶんとかかってしまったけれど、そのすべてが必要だったんだ」ということであり、だが、ここで過去形で言われている「かかってしまった」、「必要だった」は、観る者にとっては、これから起こることなのだ。と同時にもちろん、その全てはもう起こったあとであり、とっくに終わってしまったことなのでもある。言うまでもなくこれは、あらゆる「物語」に共通する宿命である。すでに起こってしまった出来事を、これから誰かに語ろうとする営み／試みが、物語と呼ばれているのだから。

ウロボロスの蛇は、自らの尾を喰らおうとする。それは「無限」の隠喩であると同時に、自分で自分を全て呑み込んでしまったらあとには何も残らないのでは、というあり得ない疑問を喚起する。結果が原因を呑み込んだら、結果自体が存在しなくなる（のだろうか?）。あるいはあまりにもよく知られた「親殺しのパラドックス」を持ち出してもいい。タイムマシンで過去に戻り、自分を産む前の親を殺してしまったら、その瞬間に自分は消えてしまうのか？　もちろんSFではさまざまな解答が検討されていて、もっとも説得力を持っているのは「親を殺した途端に時間線が変更されるので、自分は消えなくても、もともとの現在に戻ることが出来なくなるか、戻れたとしても以前とは変わってしまっている」というものだろうが、むしろ考えるべきは、その瞬間に「私」が消失してしまったとして、ならばこの私は最初からいなかったのと同じなのか、という問いなのではないだろうか。消えてしまう前まで私は確かに存在していたと思う私ももういない。最後の最後に至って、最初からいなかったことになるのなら、最初も最後もないのではあるまいか？

物語の始めのほうで、メイは「何でも出来る計算機があるなら何でも出来るんじゃないですか？」と言う。「何でも出来る計算機」を「何でもかなえる神」と言い換えよう。そして「あなたが最初からいなかったことにしてください」と願ったとしたら、何でもかなえる神はそれをかなえ、神は最初からいなかったことになり、したがって神の消失という事実も消失する。ではこのプロセスには何の意味もないのか、なかったのか？　ない、と答えるのが正解なのだろう。だが、それでも「今ではそのすべてが必要だったんだと分かる」と言うこと、言おうとすること。その無理と無駄と無意味を勇気と情熱をもって引き受けること。

『Self-Reference ENGINE』は、まず「プロローグ」があり、十個の挿話からなる第一部、やはり十個の挿話からなる第二部と続いて、「エピローグ」で終わる（単行本（二〇〇七）では挿話はともに九個）。周知のように円城塔はその後に、『プロローグ』（二〇一五）と『エピローグ』（同）という二編の長編を（しかも並行して）書いており、惑る意味では本編以上に「序章」と「終章」を重要視していることがわかる。その理由はもはや明らかだろう。プロローグにはエピローグがあらかじめ装填《そうてん》されており、エピローグにはプロローグへの回路が開いている。断っておくが、これは単なるループ構造とは違う。繰り返すが、ウロボロスの蛇は、いつまでも自らを呑み込み続けるのではなく、消えるのだ。だがそれでも蛇は、いつかどこかに（それはいつでもなくどこでもない、でもあるのだが）いたのだし、いるのである。だから今後、第二部が製作されることがあったとしても、『ゴジラ S.P』は現在観ることの出来る十三話で見事なまでに完結している。確かに多くの謎が積み残されたままになっているし、そこにはクライマックスもカタルシスも――少なくとも通常求められるような意味では――希薄である。だがしかし、これが円城塔の最新作だと考えるなら、これ以上はないほど彼らしい作品だと思う。

『Self-Reference ENGINE』の「エピローグ」は「例えば私はここに存在していないのだけれど、自分があなたに見られていることを知っている」という一文で始まる。存在していないこの「私」は、存在していないのに「あなた」に語り掛ける。そして、こんなことを言う。

> この宇宙では、起こりうることはただそれだけで起こりうる。ならば起こりえないことが起こってしまって、結局何の問題があるだろうか。（中略）
> 私は、起こりうるのだけれど何故か今のところ起こっていない事象に属しているわけではない。決して起こることがない故に定められていない領域に、奇妙なやり方で存在していない。
>
> （同、三五九頁）

こうして全てはふりだしに戻る。

円城塔は繰り返してるのでもやり直してるのでもない。そのたびごとにあっけなく消えている。それは終わりでさえない。だが、どうしてか、いつのまにかまた始まっているのだ。ゴジラなどいないし、もとからいなかった。だが、それでもゴジラは何度でもやってくる。

初出＝『すばる』２０２１年11月号、集英社、二〇二一年

第3部

倫理／ポリティカル・コレクトネス

親密さ、とは何か？　あるいは距離について——濱口竜介の青春期

距離零からの遠ざかり

『親密さ』（二〇一二）は、濱口竜介がENBUゼミナール映像俳優コースの卒業制作として監督を務めた作品である（濱口は同コースの講師だった）。それぞれ二時間を超える長さの二部構成で、トータルで二百五十五分、大長編と言ってよい。もっとも濱口は、その数年後に更に長い（三百十七分）の『ハッピーアワー』（二〇一五）を撮ることになるのだが。しかし『親密さ』の場合、上映時間の長さよりも構成に着目するべきだろう。第一部では若手劇団の新作舞台『親密さ』に向けた稽古期間が描かれ、第二部では約二時間の演劇『親密さ』がほぼ全編上演されるのである。しかも作中の舞台劇『親密さ』は演出家・令子役の平野鈴が実際に演出を手掛けている。濱口はそれをいわばドキュメンタリー的に撮影＝記録しただけということになる。もちろん「だけ」とは言えない。そこには秀抜な仕掛けが存在しているのだが、それはひとまずおく。

「演劇」を描いた映画といえば、すぐに思い出されるのは、ジョン・カサヴェテス監督の『オープ

ニング・ナイト』（一九七七）であろう。カサヴェテスへの敬慕を公言している濱口が意識していなかったはずがないが、オープニング・ナイトすなわち初演に至るプロセスを描くところは同じだが、当然のごとくカサヴェテスは実際の演劇を丸ごと映画に収めることはしていない。あるいはジャック・リヴェットの『アウトワン』（一九七一）は上映時間七百七十三（十二時間五十三）分という常軌を逸した長さだが、だからといってふたつの劇団がリハーサルしているアイスキュロスの舞台を全編やるわけではない。映画監督で舞台演出もする者は少なくないが、前述のようにこの映画の場合は該当しない。だが舞台『親密さ』は映画『親密さ』のために創作され上演されたのであり、佐藤亮作、平野鈴演出による独立した演劇作品として存在していたのではない。では、このような『親密さ』とは、いったい何をやろうとした映画なのか？

まずひとつ言えることは、映画の中で演劇の稽古や上演が描かれると、そこに「演技」というテーマが前景化されることが多いが、『親密さ』は必ずしもそのような作品にはなっていない、という点である。もちろん本読みや稽古の様子は描かれているのだが、実はそれはけっして多くはない。むしろ第一部の大半は、恋人である令子と良平の関係性の変化、そして演出の令子が次第に稽古そっちのけで役者たちのインタビューやレクチャー、ディスカッションに急激に傾斜してゆくさまである。続く『ハッピー・アワー』では「演技」という位相が作品の重要な要素となり、同作に結実するワークショップの経験が現在にまで至る濱口独特のリハーサル方法を編み出したことを思うと、『親密さ』の「演技」論はそれ以前の試行の段階に留まっているように見える。

この映画には、きわめてアクチュアルな、だがしかし虚構の設定が導入されている。物語で描かれるのは二〇一一年二月の後半だが、この間に韓国と北朝鮮のあいだに有事が出来するのである。当然、日本も対岸の火事で片付けるわけにはいかない。憲法九条と自衛隊の問題、そして韓国に個人で志願兵として赴くか否かという問題がリアルな選択として語られる。劇団の役者のひとりは、主演男優に抜擢されるが、韓国人と結婚してソウルに住む兄と連絡が取れなくなったことがきっかけで志願兵になることを決意し、舞台を降りる。その結果、良平がその役を演じることになるのである。この架空の設定は『親密さ』全編を覆っており、あとで述べるようにこの映画の印象的なラストシーンも、このことにかかわっている。

ならばこの映画は、劇団と演劇を題材としつつも、実際には「今そこにあ（りえ）る戦争」が隠れた主題だというのだろうか？　そうとも言えない。それも重要なテーマのひとつであることは確かだが、『親密さ』は現実政治に対して何らかのステートメントを発しようとするような作品とはやはり違う。

では、何だというのか？　この映画の芯に据えられているのは、この映画が語ろうとしているものとは、何なのか？　それは最初からわれわれ観客の目の前にある。そう、親密さ、である。

親密さ、とは、語の意味としては、非常に親しい、大変に近しいさま、ということだ。感情的に、また具体的身体的にもきわめて密接な間柄ということである。なぜこんな言葉が、この映画の題名なのか？　一見すると、それは令子と良平の関係性を指しているように思える。そしてもちろんそれは正しいのだが、だがそれだけではない。それにふたりのあいだにあるものを果たして「親密さ」と呼べるだろうか？　この点を検討してみよう。

ふたりが恋愛関係になった経緯は語られない。映画の最初からふたりは同棲している。ふたりともアルバイトをしながら演劇活動を続けており、恋人であると同時に劇団の中心を担う同志でもある。令子は良平の劇作の才能を高く買っており、彼女の彼への愛情にはそれが大きなウェイトを占めているようだ。一方、良平はプライドと現実の狭間で懊悩《おうのう》している。自分には台詞を書く力もあるし演技力もある、だがそれに見合うだけの評価を得てはいない。よくあるといえばよくある悩みだが、良平の才気がいかほどのものであるのかということはさして問題ではない。さほど有名ではなさそうなふたりの劇団はしかしそれなりの実績があるようではあり、それだからこそこれまでも続いてきたし、続けようと思えばおそらく続いてしまうだろうし、だがそれが、要するに続けられなくなるまで続けているのに過ぎないのではないのか、という疑いも、さすがにふたりは内心で抱いている。やめどきを誤ったのだ。そしてそれは、ひょっとしたら自分たちの関係もそうなのかもしれない。別れ（られ）なかったから別れていないだけなのではないか。新作に向けての意見の微妙な食い違いや、良平のしばしばかなり独善的な態度への令子の不満や違和感、生活のすれ違いによって生じた心の距離、実際のところ、ふたりのあいだに「親密さ」を感じるどころか、それが失われてゆく過程を、あるいはそれがすでに失われてしまっていることをふたりがそれぞれに確認してゆく過程を、映画は描いているかのようだ。そこにあるのは親密さ、ではなく親密さの喪失である。もしくは親密さがどうしようもなく疲弊してゆく姿である。

だがしかし、第一部のラストに、奇跡的な場面が立ち現れる。ふたりが明け方の幹線道路の脇を延々と歩きながらひたすら話す長いシーン。そのあいだに夜の闇に光が滲み出し、やがて美しい朝焼けがやってくる。令子と良平は淡々と話しており、そこで愛情の再確認や関係性の修復が明確に語られるわけではない。むしろ事態は逆であり、遠からず、よりにもよって『親密さ』と題された次の舞台が開幕し千秋楽を迎えたあと、おそらくはほどなくして、ふたりの恋人としての関係の終わりがやってくるだろうということ、そしてそれが同時に、ふたりの劇団の終わり、ふたりの演劇活動の終わり、つまりふたりの青春の終わりでもあるということが、どちらにもそこはかとなく、だが確かに予感されている、とでもいう感じなのだ。

しかし、にもかかわらず、いや、だからこそ、そこには紛れもない親密さが漂い出すのである。やっと、この長い映画の折り返し地点になってようやく、題名通りの空気が流れるのだ。それは確かに、哀しい親密さ、なのかもしれない。だが妙に爽やかでもある。二月の朝の冷たく澄んだ空気のように。

令子と良平のあいだに真の親密さが流れると思える場面はもうひとつある。それは第二部のラスト、すなわち『親密さ』全編の結末である。舞台『親密さ』から二年後、令子と良平は偶然、田町駅のホームで再会する。ふたりはすでに別れており、別々の人生を歩んでいる。劇団は解散したようだが、令子は演劇専門誌の編集をしつつ、舞台を続けている。良平は、かつては芸術至上主義かつ個人主義であり、志願兵として韓国に渡ろうとする役者と喧嘩になったりもしたのに、坊主頭で軍服（?）を着ており、一時帰国中に軍の先輩とナンパの最中であるらしい。戦闘に参加するのではなく、音楽を奏でる楽隊に所属しているのだと言うが、最前線にいることに変わりはない。俺はまだひとりも殺してない、と口にするということは、いつか殺すことになる、あるいは殺されることになる可能性を本人も自覚しているということだろう。以前の彼からすれば信じ難いほどの変わりようだが、すでに知っていたらしい令子は戸惑うことなく微笑みを浮かべて話している。このときふと、ふたりのあいだに、親密さ、らしきものが流れるのだ。それはもちろん、実際にはかつて互いに抱いていた感情の遠い余韻のようなものなのだが、それでもやはり、その雰囲気は親密さの一種だと感じられる。

夜勤から帰ってきた良平が眠ろうとしていると、彼が書き直したばかりの台本を読んだ令子がちょっかいをかけてうざがられるシーンがある。そこにじゃれ合い的な親密さを見る観客もいるかもしれないが、この映画では距離が近くなればなるほど親密さが薄まっていくかのようなのだ。むしろ第一部と第二部それぞれのラストに置かれた、別れの予感を帯びた場面と、別れてしまったあとの場面のほうが、いわば逆接的な、いや、真の意味での親密さ、に満ちている。

つまり、ここには「距離」という主題がある。それは現実の、具体的な距離のことであり、と同時に心理的な、エモーショナルな距離のことでもある。距離零とは接触あるいは合体である。そこに向かっていくのが親密さの進行だと普通は考えられているが、この映画ではそうではない。零に限りなく近い状態からの遠ざかりの内にこそ、親密さが宿るのだ。

第一部、稽古の一環として令子は出演する役者たちにひとりずつインタビューをするのだが、のちに降板して韓国に渡ることになる男性に「いちばん信頼しているひとは?」、「このひとは自分を絶対裏切らないと思えるひと」と尋ねると、彼は兄だと答える。その理由として、子どもの頃に海で溺れかけたときに兄が助けてくれたからと彼は言う。自分も溺れるかもしれないのに自分の手をけっして離そうとしなかった、と。実際にはそこは足がつくほどの浅瀬だったのだが、彼にはこのときのことが兄に対する決定的な信頼の証になったのだ。だが彼もそれをずっと意識してきたわけではないだろう。兄は今、戦争状態に突入した韓国に住んでいる、彼は兄と時々、ネット電話で顔を見ながら話している。しかしとつぜん、兄との通話が出来なくなったことが彼を動揺させ、志願兵になることを決意させる。ここでは日本と韓国のあいだの現実の距離が親密さの確認を促している。遠く離れてある、ということが、かえって親密さを強く認識させている。

この挿話に、なぜこの映画に、このような虚構の設定が導入されているのかという問いへの答えが込められている。歴史的経緯からして、いわば近くて遠い隣国である韓国と日本の関係性、ふたつの国のあいだのさまざまな意味での距離、その親密さの計測が、ここでは問題にされている。この映画の時間設定のちょうど十年前(二〇〇一年一月)に起きた、JR新大久保駅でホームに転落したひとを助けようとした日本人と韓国人留学生が電車にはねられて死亡した痛ましい事故を思い出してもいい(おそらく濱口の頭にはこの出来事があったはずだ)。距離とは、近さと遠さの函数である。そして親密さとは距離をどう受け取るのかという問題なのである。

別の次元でこのようなことを考えさせられる挿話が第二部、舞台『親密さ』の中にある。劇の登場人物のひとりに、トランスジェンダーの詩人の女性がいる。彼女は自分の身の上話をしたあと、その場のひとたちに手相を見てやると言って、こうするとオトコの手を触れると嘯《うそぶ》き、自分はオカマだからと自虐してみせるのだが、ほかの男が進んで手を触らせるのに、良平が演じている詩人の男だけは強く拒絶し、オカマだからって何をしてもいいと思うなよ、などと言って、義理の妹に窘《たしな》められる。だがしかし劇の終盤では、彼とトランスジェンダーの女性が関係を持ったことが語られるのだ。ここにも距離と親密さをめぐるこの映画ならではの意識と認識が存在している。手を触るという距離零の状態を拒んだ者が親密な関係になるのだから。また、性同一性障がいということも、自分の心と自分の体の距離の問題である。心と体の一致は必ずしも親密さを齎さない。むしろその不一致すなわち距離をいかにして受け止め(られ)るかが重要なのだ。

青春期の終わり

舞台『親密さ』は、非常に複雑な恋愛(?)劇である。良平が演じる男には、父親の再婚相手の娘である義妹がいる。彼は義妹に「恋人」を紹介するが、女性ふたりは同じ大学の一学年違いということがわかり、彼女たちは友人になる。だが「恋人」は彼の実の妹であり、母親に引き取られて長年会わなかったが向こうから手紙が来て再会したのだった。兄妹はこのことを周囲に隠しており、恋人として振舞っている。ふたりの実際の関係がどのようなものであるのかは明確には示されない。義妹は奔放な恋愛観を持っており、とりあえず寝てみるということを繰り返している。だが彼女は義兄のルームメイトに純粋な恋心を抱いてもいる。郵便局員であるルームメイトは、将来の局長職への昇進のために数年間、地方都市に異動することになる。義妹は想いを直接伝えることが出来ず、手紙をしたため、それを義兄の恋人（妹）に読んでもらう。だがルームメイトはその彼女に恋しているのだ。彼は同居人に、向こうも自分を好きだと思う、こういうことはわかるじゃないか、と言う。工場労働から帰ってきた詩人に恋人（妹）が義妹が書いた手紙を読ませると、彼はそれを引き裂いてしまう……更にここに別のカップルの話やトランスジェンダーの女性の話も入ってくる。こうして書き記していても、この劇がけっして多くはない登場人物たちの錯綜した人間関係を、つくりものっぽさを懼《おそ》れず、むしろ敢えて前面に押し出して語ろうとするものだということがわかるだろう。

きわめて興味深いのは、この台本を書いた良平が、先に述べた事情で詩人役を演じることになるのだが、第一部で彼のキャラクターを見知っていた観客には、詩人が良平自身であると感じられてしまうということだ（このことが、この映画がこのような構成／順番になっていることの最大の理由だろう）。彼はもともと自分で演じるつもりではなかったのだから、詩人に自分を投影したとしても、そこには距離が生じていたはずだったのだ。ところがはからずも距離は零になってしまった。工場で誰もが出来るような、だがほとんど誰もが続けられないような不毛な作業を日々こなしながら、詩を書き続けている男、自己本位と自尊心を人一倍持ちながらも、そう成り切れない弱さと他者への倒錯的な優しさを隠した男。それは明らかに良平という男の戯画である。だとするならば、詩人の義妹も、実妹も、ルームメイトも、令子の似姿、彼女の分身ということにならないか。だが現実の令子はといえば、演出家として客席の端に座り、ただじっと舞台を見据えているだけなのだ。もちろん彼女にはそれしか出来ない。第二部の劇パート中、何度か彼女の姿が映し出されるが、その表情から彼女の感情を推し量ることは出来ない。ただ、そこには距離がある。舞台と客席の物理的で絶対的な距離が。ほんの数歩、前に踏み出せば舞台に上がれてしまうのに、当然ながらそんなことは許されない。上演終了ののち、短く撤収の様子が描かれて、すぐに「2年後」という字幕が出る。舞台『親密さ』の本番を観ながら、令子が良平との離別をリアルな選択として想像した可能性はじゅうぶんにある。だが、それが描かれることはない。

『親密さ』には三つの時間が描かれている。第一部は「二〇一一年二月」の数日間、第二部の大半は「同年三月」の或る一日、そしてそれから二年後の「二〇一三年」である。現実の映画の完成は二〇一二年の夏であり、撮影はその前の冬に行われたものと考えられる。見逃してはならないのは、二〇一一年三月一一日に東日本大震災と福島第一原発事故が起こったということである。とすると、舞台『親密さ』の上演は震災直前だったことになるのだが、そもそもこの映画ではそれは起こらなかったのだと考えるべきなのかもしれない。これは東日本大震災が起こらず、その代わりに朝鮮半島有事が起こった並行世界の物語なのかもしれない。濱口は明らかにこの仕掛けを意図してやっている。言うまでもないが、彼は『親密さ』以前から『なみのおと』(二〇一一)に始まる「東北記録映画三部作」を手掛けており、のちの『寝ても覚めても』(二〇一八)でも震災以前に書かれた原作を震災を挟んだ物語に変更してみせた。しかし『親密さ』では、彼は別のことをやろうとしたのである。切断と不可逆性の物語ではなく、親密さの係数である距離の計測の物語を。

映画のほんとうのラストシーン、偶然の、久しぶりの再会にもかかわらず、まるで昨日会ったばかりのような空気感、仄かな、だが確かに親密さと呼ぶしかないような何かを通い合わせながらホームで話していたふたりは、やがて穏やかに別れを告げ、令子は京浜東北線に、良平は山手線に乗り込む。ふたつの電車は発車するとしばらく並走し、ふたりは窓越しに視線を交わし合い、やがて車両が離れ出すと良平は車内を逆走して令子に笑顔で挨拶を送り続ける。明らかにヴィム・ヴェンダースの『さすらい』のラストシーンへのオマージュだが、そんなことはどうでもいい。そこではあからさまなまでに切実であまやかな、そして残酷きわまる「距離」の物語が演じられている。離れてゆく、おそらく二度と近づくことはないはるか遠くへと離れてゆく、その寸前にこそ、この映画でもっとも純粋な、強度の親密さが俄かに立ち上がるのだ。だがそれは、そう見えた直後に嘘のように消え去り、二度と戻ってくることはない。

『親密さ』とは、親密さの限界と、親密さの終わりを描いた映画である。他者とのかかわりが親密さによって測られる時代、それを青春と呼ぶとするならば、それは登場人物ばかりではなく、濱口竜介自身にとってもそうだったのではないか。実際、その後の濱口は映画作家として急速に成熟を見せてゆくことになるだろう。『親密さ』とは、濱口竜介の作品歴における第一期、彼の青春期の終わりを告げる作品なのである。

現在に繋がる一本の線

これを書いている今は二〇二二年の九月末、『親密さ』から十年の歳月が経過している。濱口竜介はその後、『ハッピーアワー』が第68回ロカルノ国際映画祭最優秀女優賞を受賞、『寝ても覚めても』で第71回カンヌ国際映画祭コンペティション部門出品、『偶然と想像』(二〇二一)で第71回ベルリン国際映画祭銀熊賞受賞(審査員グランプリ)、『ドライブ・マイ・カー』(同)で第74回カンヌ国際映画祭の脚本賞、国際映画批評家連盟賞などを複数受賞、同作では第94回アカデミー賞で日本映画初の作品賞を含む四部門にノミネートされ、国際長編映画賞を受賞、これに共同脚本を手掛けた黒沢清監督の『スパイの妻』(二〇二〇)の第77回ヴェネツィア国際映画祭銀獅子賞(最優秀監督賞)を加えると、濱口がこの十年で世界の名だたる国際映画祭、映画賞の常連となったことがわかる。更にこれらのあいだに「東北記録映画三部作」などのドキュメンタリー作品や中短編もあり、製作スタイルやジャンルや形式を次々と変えながら、彼は映画を撮り続けている。

だが、惑る意味で、現在にまで連なる、そしておそらく未来へと繋がってゆく一本の線が、『親密さ』のラストシーンから始まっていたと考えることも出来るのではないか。距離の計測と、その確認。近くあるものはいつか必ず離れてゆくことになるのだという、世界の厳格にして切実な真理を認めること。だがそこに一瞬であれ視線の交錯が生じたとき、それはいつまでも、永遠に近いほどいつまでも残り続けるのだということ。濱口竜介の映画は、全てがこのことを描いている、語ろうとしているのだと私には思える。

初出＝書き下ろし

言語の習得と運転の習熟――『ドライブ・マイ・カー』論

能動的アダプテーション

村上春樹の短編小説「ドライブ・マイ・カー」（二〇一三）は『女のいない男たち』（二〇一四）の冒頭に置かれている。六編が収められたこの短編集は、この作品から最後に据えられた書き下ろしの表題作まで、ざっくりと「女のいない男たち」（作者自身が「まえがき」で述べているようにヘミングウェイの短編集のタイトル『Men Without Women』（一九二七）から採られている）が描かれている点が共通しているだけで、ほかには相互の関係は（おそらく）ない。「まえがき」によると、村上は短編集になる小説をまとめ書きしてしまうそうである。「ドライブ・マイ・カー」は最初に書かれた作品だったという。さほど長くはない、ごく平均的な短編小説と言ってよいだろう。

濱口竜介は、この小説を「原作」として、上映時間百七十九分の映画を撮った。映画『ドライブ・マイ・カー』は、複数の意味で、これまでの濱口の作品と同様、あるいはそれ以上に野心的な試みである。映画による小説のアダプテーションという観点からも、演劇（がこの作品では重要な役割を担っている）と映画の関係性という観点からも、濱口の作品歴／作品世界における位置付けという観点からも、きわめて挑戦的な作品になっている。そしてこの挑戦の全ての端緒に、村上春樹の短編小説「ドライブ・マイ・カー」をいかにして「映画」にするのか、というミッションがあったことは間違いない。本稿では主にこの点に焦点を絞って論じてみたいと思う。

まず先に言ってしまうと、濱口は原作の設定やあらすじをかなり大胆に改変している。また、映画には『女のいない男たち』のほかの短編の要素も入っている。「シェエラザード」（二〇一四）と「木野」（同）である。特に前者は小説内で語られる物語がほぼ丸ごと取り入れられており、映画の前半の「原作」と言ってもいい。濱口は共同脚本の大江崇允とシナリオを執筆するにあたり、ごく短い「ドライブ・マイ・カー」だけでは長編映画にならないと判断し、同じ短編集の別の作品から挿話や設定を接ぎ穂するようにして映画を完成させた。だが、それだけではない。『ドライブ・マイ・カー』には村上春樹の「原作」にはまったく存在していなかった映画独自の要素が幾つも投入されており、しかもそれらは、それらこそが、作品の核心を成していると思えるのだ。

濱口は『寝ても覚めても』で、柴崎友香の同名小説（二〇一〇）を映画化している。そのありようについては以前に詳しく論じたことがあるのでここでは述べないが——興味のある方は拙論「彼女は（彼は）何を見ているのか」（『この映画を視ているのは誰か？』所収）をご一読いただきたい——そこでの「小説」と「映画」の関係は、小説が文字である（しかない）がゆえの特性を最大限にまで活かした原作を、どうやって映像に出来るのかということと、原作の時代設定を大きく手前にズラすことによって、「東日本大震災以前の物語」を「震災を通過する物語」に変換すること、の二点に集約されていた。しかし『ドライブ・マイ・カー』の場合は、ことはもっと複雑である。たとえ「原作もの」であっても映画作家は大なり小なりそこに自分自身の問題意識や主題的な連続性を意識的無意識的に持ち込むものではあるが、この作品にかんしては特に、濱口竜介の作品世界の現時点での集大成という感が強い。『寝ても覚めても』では、原作小説のエッセンスを可能な限り尊重しようとする姿勢が逆接的かつ不可避的に「映画ならでは」を招き寄せていたのだとすれば（そしてそのことが映画の独自性と魅力に寄与していたのだとしたら）、『ドライブ・マイ・カー』においては、濱口（と大江）は村上春樹の小説に依拠しつつも、むしろそこには書かれていなかったことを能動的に読み出すようなアダプテーションを行っている。この点で、今回の濱口たちの試みは、同じく村上春樹の短編「納屋を焼く」（一九八三）を「原作」としつつ、確信犯的に自身の世界に仕立て直してみせた『バーニング』（二〇一八）のイ・チャンドンに近い。だがチャンドンの力業に対して、濱口はより繊細、かつ巧妙である。映画『ドライブ・マイ・カー』は、一種の「村上春樹論」として捉えることとさえ可能なのだ。

原作の「ドライブ・マイ・カー」は次のような話である。「俳優の家福は妻に先立たれて以来、独身を貫いている。あるとき彼は長年自分でハンドルを握ってきた愛車の運転手を雇うことになる。やってきたみさきはまだ二十代半ばの女性だった。家福はみさきの運転で仕事先に通いながら、亡き妻の不倫相手のひとりだった高槻という俳優のことを思い出す」。映画と共通するところを押さえて可能な限り圧縮してみたが、このあらすじもすでに映画とは違っている。小説で高槻は家福がみさきにする話にだけ出てくる、つまり回想中の人物なのだが、映画では実際に登場する。それは家福の妻も同じで、小説ではもうずいぶん前に死んでいるのだが、映画では「音」という名前を与えられており（小説では「妻」としか書かれていない）、物語の前半で重要な役割を演じる。小説では妻は子宮癌でわずかな闘病の末に亡くなったが、映画では自宅マンションでくも膜下出血でとつぜん死しているのを家福が発見する。小説の妻は家福や高槻と同じく俳優だが、映画の音は元女優の人気脚本家である。音がセックスしたあとにベッドで家福にする執筆中のシナリオの内容が、村上春樹の「シェエラザード」から採られている。映画の原作からの改変点の第一は、妻と高槻を現在形に移動させたことである。音の葬儀が終わると映画はすでに約四十分が経過している。

改変点の第二、より大きなそれは、物語の舞台が移動することである。小説では物語の舞台は東京であり、家福は稽古場やドラマの収録に通うためにみさきが運転する車に乗るのだが、映画ではメイン・タイトルとともに、家福は自分で車を運転して広島までやってくる。「広島」という地名は原作には存在しない。音の死から二年が経過している。広島で開催される国際演劇祭で家福はアントン・チェーホフの『ワーニャ伯父さん』（一八九八）を演出することになっている。小説では接触事故がきっかけで緑内障が判明し、運転が出来なくなった家福に修理工場の経営者がみさきを斡旋するのだが、映画では演劇祭の規定で滞在期間中に家福は自分で運転することを許されず、ドラマトゥルク兼韓国語通訳のユンスがみさきを推薦する。小説にも『ワーニャ伯父さん』は出てくるが、それは「明治時代の日本に舞台を移して翻案した（中略）『ヴァーニャ伯父』」で、家福は「ヴァーニャ伯父の役をつとめて」いる。だが、映画では家福が演劇祭で『ワーニャ伯父さん』を「多言語演劇」として演出することになり、そのオーディションでアジア各国から集まった俳優たちの中に高槻がいるのである。これが第三の、そして最大の原作の改変点である。小説でも映画でも家福は「ヴァーニャ＝ワーニャ」の台詞を録音したカセットテープをみさきが運転する車の中で聞くが、後者のそれは亡き音が「ヴァーニャ＝ワーニャ」の「伯父」の台詞の部分を空けて朗読したものになっている。しかしそれは映画では妻が途中まで生きているがゆえの、こう言ってしまえば付随的な変更と言ってよい。

整理しよう。まず、濱口は原作小説では回想に属する挿話を映画の現在時制に接続し、舞台を東京から広島に移動させ、そこでチェーホフの「多言語演劇」としての上演に向かうプロセスを物語後半の中心に置いた。小説の高槻は妻子のある四十代の俳優だが、映画では女性スキャンダルを起こして間もない若手俳優になっている。原作では家福と高槻の奇妙な「友情」にかなりのウェイトが置かれているが、映画ではその部分は後退し、しかし小説で高槻が口にする重要な台詞はほぼそのまま使われている。だが映画の完全なオリジナルである「多言語演劇」について先に述べるべきだろう。映画の家福は俳優であると同時に気鋭の演出家でもあり、『ワーニャ伯父さん』の前にサミュエル・ベケットの『ゴドーを待ちながら』（一九五二）を複数言語で上演する場面が映画では描かれる。では「多言語演劇」とは何なのか？

「多言語演劇」というユートピア

そもそも濱口は「演劇」と高い親近性を持った映画作家である。『寝ても覚めても』にもヘンリック・イプセン『野鴨』(一八八四)を上演中に東日本大震災が起こるシーンがあったし(原作にはない)、何と言っても『親密さ』を挙げなくてはならない。あの映画では一本の演劇作品が出来上がっていく過程と、その実際の上演が組み合わされていた。長期間にわたる演技のワークショップを経て撮影され、ヒロインを演じた無名の四人の女優にロカルノ国際映画祭最優秀女優賞を齎した『ハッピーアワー』や、インタビューや著作で開示される独特なリハーサル方法や演技論からも、濱口の演出術が「演劇」から多くのインスピレーションを得ていることは間違いない。また、『ドライブ・マイ・カー』の共同脚本と監督補の大江崇允は、関西を拠点に活動していた「旧劇団スカイフィッシュ」出身で、自身が監督した秀作『適切な距離』(二〇一一)も演技を学ぶ大学生を主人公にしていた(『ゴドー』を映画に取り入れたのは大江の発案だったという)。とはいえ、『ドライブ・マイ・カー』の「多言語演劇」は、こうしたことどもと、もちろん繋がりながらも、まったく新たな次元をも指し示している。それはほかならぬ「多言語」ということ、その内実、にかかわっている。

家福が(おそらく)彼独自の考えによって編み出した「多言語演劇」とは、バイリンガル演劇、トリリンガル演劇、あるいはポリグロット演劇とは違うものである。映画の後半、広島の劇場でオーディションが行われ、高槻を含むキャストが選出され、稽古が始まる。これに先立つ場面で、東京での『ゴドー』の上演で家福は主役の片方を演じているのだが、彼は日本語で台詞を言い、もうひとりの、外見からすると外国人だと思われる俳優は違う言語で喋っている。それと同様に、家福演出の『ワーニャ』でも、日本語、韓国語、北京語、フィリピン語、インドネシア語、ドイツ語、マレーシア語、英語、そして韓国手話が話される。ミーティングでは英語が使用されている。それぞれが、それぞれの使用言語で台詞を言っており、ひとりが複数の言語を使ったり、複数人によって言語が共有されたりすることはない。たとえばふたりの人物の場面では、ふたつの言語が並走する。つまりここには、翻訳という要素が皆無なのである。実際に、このような状況に置かれたとしたら、一方はもう一方が話している台詞を自分の言語では覚えているだろうが、今まさに聞いている言語自体は理解出来ないことがあり得る。ましてや九つもの言語となると、全員が全員の言語をわかるなどということは到底想定し得ないし、映画でも言語間の齟齬や不調が描かれている。それはそうだろう。要するにそこでは自分の言語しか話さないバラバラの九人がてんで勝手に台詞を言っているだけなのだから。だが明らかに、そのような事態こそ、濱口が描こうとしたものなのである。どういうことか？

このことを考える鍵となるのは、韓国手話で話すユナの存在である。彼女はユンスの妻なのだが、そのことを隠してオーディションに応募し、『ワーニャ』でもきわめて重要な姪のソーニャ役を射止める。手話は基本的に個々の言語に紐づけられているので、たとえば日本の手話がわかっても韓国手話は理解出来ない。ユナは「多言語演劇」に更なる位相を付与している。声を発することのないユナの手指による台詞は、夫のユンスを除けば、ほかの俳優たちも、家福も、観客も、ひと言も聞き取ることが出来ない。だがそれでも、ソーニャが語り掛けると、ワーニャはそれに応えるのだ、別の言語で。

翻訳=通訳というもの、あるいは複数言語の習得ということに常に潜在している問題は、では訳せなかったら、話せなかったら、それで終わりなのか、もうどうにもならないのか、ということである。言語的なコミュニケーション、言葉を介した他者同士の関係の打ち立てと育みは、言語=言葉がじゅうぜんに使用可能でなかったら、中途半端な、場合によってはまったくの無意味な営みになってしまうのだろうか。そう考えればたぶんそうなってしまう。だが家福は、濱口は、そうは考えなかった。そうではなくて、言葉を、言語を用いながら、それと同時に私たちは、言葉=言語以外のさまざまな何かを動員しながら他者と通じ合っているのだ。これはけっして、言葉の価値を貶めているのではない。むしろその逆で、つまり私たちが言語だと信じているものだけが言語ではないのだ。てんでバラバラな言語がバラバラなまま並走しながらも、そこにはそれぞれが「理解し得ない言葉」をも含んだ、もっと大きなコミュニケーションが立ち現れ、成立している、そういうことがあるのである。

家福演出の『ワーニャ』のラストシーンで、チェーホフの劇中、もっとも重要と言ってよいだろうソーニャの台詞は、ユナによって韓国手話で語られる。では観客はそれを日本語字幕で読んで理解しただけなのか。そうではない。韓国語も手話も解さない者にも、彼女の「声」は届いたのだ。このように考えるとき、この映画の「多言語演劇」のありさまは、誰もが理想だとわかっていないがら、どういうわけかなかなか実現出来ないでいる「多様性」に向けた貴重なレッスンとして捉えることが出来る。確かにそれは現段階では、一種、ユートピア的な試行でしかないのかもしれない。だがしかし、濱口が「多言語演劇」ならぬ「多言語映画」を夢見ているのは確かだと思う。いや、この映画がすでに部分的にはそうなのだが。

あるときとつぜん奇跡のように

「多言語演劇」は村上春樹の原作小説にはまったく出てこない、濱口の独創である。だがしかし、彼はただ単に自分の問題意識や関心のあるテーマを紛れ込ませたわけではない。それは、みさきのことを考えればわかる。

「多言語演劇」の一連の描かれ方が示しているのは、言語というものは習得すればいいわけではない、ということである。語彙や文法も大事だが、そうしたテクニカルな側面よりも、現実に異国の誰かと出会ってかかわりを持つ、ということのほうがきっかけとなる場合も多い。言い換えればそれは、いつのまにかわかるように、わかり合えるようになっていた、ということだ。そしてそれは運転も同じである。小説でも映画でも、家福は最初、みさきのドライバーとしての腕に疑念を抱いている。だが、運転させてみてすぐに、彼女を雇うことに決める。小説のほうで、みさきは家福の「運転はどこで身につけたの？」という問いに、こう答える。「北海道の山の中で育ちました。十代半ばから車を運転しています。車がなければ生活できないようなところです。谷間にある町で、あまり日も射さず、一年の半分近く道路は凍結しています。運転の腕はいやでも良くなります」。この台詞は、ほぼそのまま映画でも口にされる。みさきの説明に、家福は「でも山の中で縦列駐車の練習はできないだろう」と返す。「彼女はそれには返事をしなかった。答える必要もない愚問だということなのだろう」。

確かに、生きていくために、必要に迫られて、ということだったのだろうが、みさきの運転技術はそれだけでは説明出来ない。彼女は努力もしたのだろうが、そういうことだけではなく、要するにみさきにはなぜだかそれが出来たのだ。それはいつのまにか言語が使えるようになっていた、そのことにとつぜん気づく、というのに似ている。そして、ここで何よりも肝心なことは、みさきは自分のために運転しているのではない、ということである。みさきは雇われ運転手なのだ。彼女は誰かのためにハンドルを握り、車を走らせる。たとえば、家福という男のために。

プレス資料のインタビューで、濱口はすでに『ハッピーアワー』に至るワークショップで小説「ドライブ・マイ・カー」を参加者に読んでもらっていたことを明かしている。そして「ぼくがいちばん心に残った部分は、高槻というキャラクターの言葉を「高槻という人間の中にあるどこか深い特別な場所から、それらの言葉は浮かび出てきたようだった。ほんの僅かなあいだかもしれないが、その隠された扉が開いたのだ。彼の言葉は曇りのない、心からのものとして響いた。少なくともそれが演技でないことは明らかだった」と評する部分です」と語っている。では、その「それらの言葉」とは、どのようなものか？ 原作の高槻の言葉を、映画はおそらくそのまま使用している。やや長い台詞だが、後半だけ引用する。

「(前略) でもどれだけ理解し合っているはずの相手であれ、どれだけ愛している相手であれ、他人の心をそっくり覗き込むなんて、それはできない相談です。そんなことを求めても、自分がつらくなるだけです。しかしそれが自分自身の心であれば、努力さえすれば、努力しただけしっかり覗き込むことはできるはずです。ですから結局のところ僕らがやらなくちゃならないのは、自分の心と上手に正直に折り合いをつけていくことじゃないでしょうか。本当に他人を見たいと望むのなら、自分自身を深くまっすぐ見つめるしかないんです。僕はそう思います」

(村上春樹『女のいない男たち』所収、文藝春秋、二〇一六年、六〇-六一頁)

小説でも映画でも (映画のほうがもっと)、高槻という人物は必ずしも深みのある人物としては描かれていない。小説ではやや浅薄な、映画ではかなり短慮な性格設定であり、そのような人間がふと右のような含蓄のある言葉を口にするところに「ドライブ・マイ・カー」という作品の妙味がある。原作とは異なり、映画では高槻のこの台詞は家福の車の後部座席で語られ、みさきもそれを直に聞いている。そしてこの場面をいわばスイッチポイントとして、映画『ドライブ・マイ・カー』は小説「ドライブ・マイ・カー」から大きく離陸していくことになる。

言語の習得や運転の習熟は、あるときとつぜんに、いわば奇跡のように成される。努力は大切だし、それだけのことはある。けれどもしかし、忘れてはならないことは、それでもけっしてじゅうぶんではない、ということである。言語による／言語によらない、完璧にして万全な相互理解も、何があろうと絶対にミスのない運転も、この世界には存在しない。高槻が言っていたのは、還元すれば「他人を理解したいのなら自分を理解しようと努めるほかにない」ということだが、映画を最後まで観れば、この言葉が一面の真理を伝えるものではあれ、濱口がそこで終わりだと考えているわけではないということがよくわかる。他者との共振と自己との対峙は、どこまでも往復運動としてあり続ける（べきだし、そうあるしかない）。原作とはまったく異なったラストの展開と、更につけ加えられた驚くべきエピローグとによって、映画『ドライブ・マイ・カー』は村上春樹が「ドライブ・マイ・カー」では書かなかった、おそらくは書き得なかったフェーズへと敢然《かんぜん》と足を踏み入れる。それについて述べることはここでは慎んでおこう。その代わりに、このささやかな論のとりあえずの結語を簡潔に記す。

「自分の車を運転する」——それは「自分の言語を話す」と同義である——を「他人の車を運転する」、「他人の言語を聞く」と絶えずくるくる廻転させながら生きること。小説にも映画にもメッセージなんて必要ないと私は思っているが、仮にそれを汲み取るとするならば、『ドライブ・マイ・カー』が教えてくれるのは、このようなことだ。

初出＝『文學界』２０２１年９月号、文藝春秋、二〇二一年

神と人とのあいだ——『偶然と想像』論

偶然性にあって、存在は無に直面している。
——九鬼周造『偶然性の問題』

人生においては、偶然というものを考慮に入れなければならない。偶然は、つまるところ、神である。

——アナトール・フランス『エピクロスの園』

1. 偶然性の問題

昭和十年（一九三五年）のことなのでずいぶんと昔の話だが、横光利一が「純粋小説論」の中で次のように書いている。

ドストエフスキイの罪と罰という小説を、今私は読みつつあるところだが、この小説には、通俗小説の概念の根柢をなすところの、偶然（一時性）ということが、実に最初から多いのである。思わぬ人物がその小説の中で、どうしても是非その場合に出現しなければ、役に立たぬと思うときあつらえ向きに、ひょっこり現れ、しかも、不意に唐突なことばかりをやるという風の、一見世人の妥当な理智の批判に耐え得ぬような、いわゆる感傷性を備えた現れ方をして、われわれ読者を喜ばす。先ずどこから云っても、通俗小説の二大要素である偶然と感傷性とを多分に含んでいる。そうであるにもかかわらず、これこそ純文学よりも一層高級な、純粋小説の範とも云わるべき優れた作品であると、何人にも思わせるのである。

（横光利一「純粋小説論」、『愛の挨拶・馬車・純粋小説論』所収、講談社、一九九三年、二六〇頁）

横光の言う「純粋（小説）」なるものの定義や、その妥当性のことは今はおく。ここで横光は、小説の筋運びのうえで、しばしば御都合主義的と謗《そし》られもするような「偶然」の導入と、その多用を敢えて肯定的に捉えてみせている。「これらはみな通俗小説ではないかと云えば、実はその通り私は通俗小説だと思う。しかし、それが単に通俗小説であるばかりではなく、純文学にして、しかも純粋小説であるという定評のある原因は、それらの作品に一般妥当とされる理智の批判に耐え得て来た思想性と、それに適当したリアリティがあるからだ」と横光は続けている。

思想性とリアリティ、この話をしようと思う。

濱口竜介監督『偶然と想像』は、三話の短編から成るオムニバス映画である。二〇二一年三月のベルリン国際映画祭に出品され、審査員グランプリに相当する銀熊賞を受賞した。先んじて公開された村上春樹原作の長編最新作『ドライブ・マイ・カー』は七月のカンヌ国際映画祭で脚本賞など四賞を受賞しており、濱口はこれで『ハッピーアワー』のロカルノ国際映画祭最優秀女優賞、シナリオを担当した黒沢清監督『スパイの妻』のヴェネツィア国際映画祭銀獅子賞（最優秀監督賞）と合わせて、かかわった作品が世界四大映画祭の全部で賞を射止めたことになる。

ちなみに「偶然と想像」の総題のもとに濱口が執筆したシナリオはあと四本あるそうで、続編の製作も予定されているという。最初の三編にかんする限り、各エピソードに内容的な関連はなく、物語はそれぞれ完結している。最終的に全七作になる予定の「短編集」の通しテーマが、タイトルに冠された「偶然」と「想像」の二語というわけである。

ではまず、簡単なあらすじ紹介を兼ねて、三つの物語の「偶然」のありようを見てみよう。第一話「魔法」には「(よりもっと不確か)」という副題がついている。モデルの芽衣子は仕事帰りのタクシーの車中で仲のよいヘアメイクのつぐみの恋バナを聞くうちに、相手の男が自分が以前交際していた男だと思い当たる。芽衣子は男にいきなり会いに行き、かつての恋人同士は長い口論となる。別れた理由は芽衣子の浮気であり、男は彼女を愛していたがゆえに憎んでいた。全体の大半を占めるこのふたりの場面が実に素晴らしい。激しく怒鳴りあったかと思うと、互いの真意を言葉の端々で探り合い、遂には睦言《むつごと》のような雰囲気を帯びもして、まるで舞台劇を観ているような感興を抱かされる。『偶然と想像』の短編にはいずれもふたりの人物が奇妙な（というのはどれも通常とはかなり生成の条件が異なるからだが）親密さを醸し出す場面が存在するが、ひとつ目のこのシーンはとりわけエモーショナルでインパクトが強い。

この物語における「偶然」とはもちろん、まず第一に、親友の恋人候補が元カレだった、ということである（ほかにもあるのだが、それは追って触れる）。

第二話「扉は開けたままで」の奈緒は結婚して子どももいるが思うところあって大学に入り直し、文学を学んでいる。教授の瀬川は小説家でもあり、最近芥川賞を受賞した。奈緒の不倫相手である大学生の佐々木は就職が決まっているのに出席日数が足らず、土下座して瀬川に頼み込むが言下に断られる。恨みを抱いた佐々木は奈緒に、教授にハニートラップを仕掛けろと命じる。奈緒は瀬川の研究室を訪ね、録音機器を忍ばせつつ彼の小説のエロティックな場面を朗読して誘いを掛けるのだが……「扉は開けたままで」というのは瀬川が学生が入室した際、間違いや誤解が生じぬよう常に研究室のドアを開けておくことを指している。瀬川のいささか度を越した堅物ぶりと、文学＝言葉への真摯な態度、他者への誠実さに打たれ、いたたまれなくなった奈緒は謀略を告白するが、瀬川は思いがけないことを言い出す。奈緒と瀬川のあいだには恋とも性とも違う感情が通い合い、ふたりはある約束をする。

この物語における「偶然」は、奈緒がその後に冒す致命的なミスのきっかけとなるひとつの事実である。

第三話「もう一度」は、ちょっとしたSF仕立てであり、Xeron（セロン）というコンピュータ・ウイルスによってEメールがランダムに誤配されるようになり、全世界的にメールが不使用となっている近未来（?）が舞台。東京で暮らす夏子はクラス会に出席するため、二十年ぶりに故郷の仙台に帰ってきた。その帰りがけ、仙台駅のエスカレータで彼女はひとりの女性とすれ違う。この旅でいちばん会いたかった、それこそが帰郷の目的だった同級生のあやだ。あやも思いがけぬ再会に驚いており、夏子は彼女が家族と住む自宅に招かれる。夏子とあやは高校時代、恋人だった。だが世間の偏見と闘う勇気が足りなかった夏子は東京に出奔《しゅっぽん》し、純粋な同性愛者ではなかったあやは地元に留まり結婚したのだった。夫は仕事、息子（途中で帰ってくる）と娘は学校なので、ほかに誰もいない家のリビングでふたりの女性は対峙する。思い出話が続くが、何かがおかしい。これを書かないと先が続けられないのでネタバレを承知で述べると、実はその女性はあやではなかったのだ。彼女のほうも勘違いをして、見ず知らずの夏子を家まで連れてきてしまったのだった。落胆する夏子。夏子はあやに伝えたいこと、確かめたいことがあったのだ。だがそこで、あやではなかった女性が提案する。私があやをやりましょうか、と。こうして演じられる、ほんとうはまったくの他人同士でしかないふたりの女性のささやかな「劇」は、したたかに観客の胸を打つ。『ドライブ・マイ・カー』や『親密さ』に顕著だが、濱口作品において「演劇（演技）」はきわめて重要な主題のひとつである。この短編はその真骨頂と言ってよい。

この物語における「偶然」は、いわば二段構えになっている。予期しなかった再会／遭遇と、その先の展開を底支えするふたりの人物の過去の共通点。

三つの物語の「偶然」は、おおよそこのようなものである。ここで横光の論に立ち返ると、フィクションにおける「偶然」の使用は、嘘っぽさ、つくりものくささ、すなわちリアリティのなさを際立たせるものとされており、それはもちろんそうなのかもしれないが、しかし考えてみよう、現実の世界や人生でも、ときとして信じられないような偶然に見舞われることがあるのではないか。三つの短編に装填された偶然の数々は、どれほど驚くべきものではあっても、いや、そうであるからこそ、私たち自身が、似たような経験に思い当たることがじゅうぶんにあり得るようなものである。つまり、実のところ偶然のほうがリアルに属しており、偶然の排除こそがフィクションの基本性質なのだ。虚構は虚構っぽさを厭うあまり（リアリティを狙うあまり）、実際にはあり得るだろう偶然さえ極度に警戒する。御都合主義的に偶然をやたら利用する輩がいるだけに余計にそうなる。だが、たとえばの話、別々の知り合いに関係があったり、同じ名前の友人がいたり、初めて訪ねた遠方でばったり誰かに会ってしまったり、などということは実際にもある。それはスモールワールド理論の証明とも言えるだろうし、確率論的な現象とも、あるいは運命と呼ばれることもある。偶然性とは、言うなれば現実の現実性の特性なのである。

「事実は小説より奇なり」などという単純な話ではない。これは、そう、「思想」の問題なのだ。横光は、こう述べている。

いったい純粋小説に於ける偶然（一時性もしくは特殊性）というものは、その小説の構造の大部分であるところの、日常性（必然性もしくは普遍性）の集中から、当然起って来るある特殊な運動の奇形部であるか、あるいは、その偶然の起る可能性が、その偶然の起ったがために、一層それまでの日常性を強度にするかどちらかである。この二つの中の一つを脱れて偶然が作中に現れるなら、そこに現れた偶然はたちまち感傷に変化してしまう。このため、偶然の持つリアリティというものほど表現するに困難なものはない。しかも、日常生活に於ける感動というものは、この偶然に一番多くあるのである。

（同、二六一頁）

私たちが何となく抱いている了見とは真逆に、偶然性こそがフィクションにリアリティを付与し得るのであって、適用の仕方さえ上手にやれば、それは退屈な虚構を驚くべき現実に近づけることになる。なぜなら、横光の言うように、日常と呼ばれている何かが、偶然性のエンジンなのだから。現実においても虚構においても、偶然はあるとき、不意撃ちのように、誰かに、私たちに訪れる。だが『偶然と想像』にかんしては、濱口の視点は、偶然の意味や、その存在理由を問うこと（それは「運命論」にも繋がる）にはない。そうではなくて、彼が語ろうとしたのは、想像もしていなかった偶然がやってきてしまったとき、そしてそのあとに、ひとはいったいどうするのか、なのである。

2. 想像力の問題

では、タイトルのもう一語である「想像」についてはどうだろうか？

「魔法」の後半、芽衣子とつぐみがカフェにいると、男が偶然通りかかる。つぐみは芽衣子との関係を知らないので、男を店に招き入れ、三人は初めて一堂に会する。そこで芽衣子は、全てをつぐみに告げることを想像する。「扉は開けたままで」では、大学研究室の出来事から五年後、奈緒はバスの車内で偶然、佐々木と再会する。ふたりの境遇は五年前とはすっかり変わってしまっている。そこで彼女は彼に、或る想像を口にする。奈緒はそれを素敵なことだと言うが、佐々木はにべもなく退ける。「もう一度」の「想像」とは言うまでもなく、夏子があやと間違えた女性が、あやが夏子のあり得なかった現在を想像してあやを演じることであり、そして夏子がそのお返しに、あやが自分を間違えたクラスメイトを演じてみせることで、見知らぬ少女ふたりの過去を想像することである。

三つの物語の「想像」は、それぞれの「偶然」と深いところで連結している。それらの偶然がなければ彼女たちがそんな想像をすることはなかった。フィクションは、それそのものが一個の想像物であるが、その内部に、さまざまな想像を、想像の無数の可能性を潜在させている。登場人物たちは、個々に想像の権利を有しており、そしてその外側を観客の想像力が取り巻いている。

興味深いのは、三つのエピソードにおける「想像」のありようが異なっていることだ。第一話の想像は映像で描かれる。芽衣子の想像上の展開がまず演じられると、カメラは急激に彼女にズームアップし、もう一度引くと画面はショットの始めに戻っており、もう一度、実際に起こったのはこうでした、という落ちがつく。第二話の想像はただ口にされるのみである。それは結末の奈緒の台詞だけではない。研究室での朗読の場面自体、小説のエロティックな描写が声に出されることで、その行為を、奈緒が、瀬川が、そして観客が想像するように仕向けられている。それは所詮は言葉であり文字でしかない（がゆえの独自性と価値を持った）小説と、目で見える、見えてしまう／耳で聞こえる、聞こえてしまう映画の違いを表していると言えるかもしれない。第三話の想像は「演技」という営み、他人のふりをする試みの中から立ち上がってくる。ふたりの女性による想像の交換は、画面には一度として出てこない別のふたりの不在の女性の姿を、観客の想像力の内側に、仄かに、だが確かに現出させる。

三つの物語の想像は、イメージ、発話、演技、という三つの異なる手段／手法によって観客に提示されている。これは明らかに意識的な選択だろう。「偶然」がストーリーテリングやプロットの次元にあるとするならば、「想像」は表象の次元にある。『偶然と想像』は、まず第一に「脚本の映画」と言ってよいだろうが、たとえばト書きに「○○はXXを想像する」とあるだけでは、そこにはまだ何も存在していない。映画作家は、そこで何かをしなくてはならない。観客にその想像が見えるように、聞こえるように。ここに小説と映画の違いを考える鍵がある。『ドライブ・マイ・カー』や柴崎友香原作の『寝ても覚めても』で小説のアダプテーションに目覚ましい創意を発揮した濱口だからこそ、オリジナル脚本の『偶然と想像』では、この点にこだわったのではないかと思う。とともに、このこともまたリアリティの問題と関係している。

私たちは、フィクションに触れている際でなくとも、いつでもどこでも、ひっきりなしに何かを想像している、想像しているつもりでなくても想像している。想像には幾つもの方向性があるが、大きく言えば二種類に分かれる。ひとつは「もしも」の想像である。実際とは別の現在を想像する。まだ起こっていない未来を想像する。もう起こってしまった過去の出来事が違っていた可能性を想像する、などなど、広い意味での反実仮想のことである。もうひとつは他者の内面の想像である。テレパスでなければ、私たちは他人の心の内を覗くことは出来ない(ほんとうを言えば、自分の心だって怪しい)。出来るのは、ただ想像することだけだ。

もちろんそうした想像は、さまざまな現実的・具体的な諸条件に左右されているし、憶測や邪推に陥ることもあれば、希望的観測や悲観主義など、心的コンディションによって冷静なものではなくなる場合もある(というか、そのほうが多いだろう)。だがいずれにせよ、今あるこれとは違う現実や世界、そして他者の内面を想像するのは、人間に備わった奇妙で貴重な能力のひとつであり、それゆえにひとは悩み迷うこともあれば、宝のような何かを手に入れることもあったりする。

つまり想像とは、或る意味ではごく当たり前でありきたりなものである。想像ということをまったくしない人間はおそらく存在しない(これも想像でしかないが)。この意味で間違いなく想像はリアルの一角を占めている。厄介なのは、このような脳内の／意識の／心の働きをまとめてざっくりと「想像」と呼んでいるだけで、それがどういうことなのか、私を含めたほとんどの人間がよくわかっていないということだ。脳科学者や神経生理学者なら多少は解明出来ているのかもしれないが、そういう話をしたいのではない。何かを想像しているとき、多くの場合、私たちは自分がその何かを想像していることをちゃんとわかっているが、どうしてそんなことをしているのか／やれているのかを理解しているわけではない。

ましてやそもそも自分にとっては想像の対象であるしかない他者が何をどう想像しているのかなんて、知るわけがないしわかるはずもない。想像とは誰もがしているはずなのに、私たちはそれを共有出来ない。つまり想像の存在と想像の存在証明の不可能性は裏表であって、今まさに想像しているという動詞の内実はこれこれこうですと明示出来ないということ自体が想像の本質なのである。

そして、そのためにこそ芸術があるのだ、といったら大袈裟に受け取られるだろうか。想像という謎に満ちた行為だか現象だかを私たちの個別の脳内から外部へと取り出し、不特定の人間にアクセス可能にするために、ひとが「芸術」と呼んできた営み／試みは存在しているのである。かつてサミュエル・ベケットは「想像力は死んだ想像せよ」と書いた。「Imagination dead Imagine」。ベケットの真意はどうあれ、最後が「想像せよ」と命令形になっていることが重要なのだ。私が何かを想像していることを、私があなたのことを想像していることを、私があなたと私のことを想像したことを、あなたに伝えたい。

芸術にも色々ある。たとえば小説は文字しかないので、描写は目に見えない。それは読者の想像力を当てにしている。そこには可能性と限界が両方ある。では映画はどうか。映画は見える、見えてしまう。イメージと想像は語義的には同じかもしれないが、むろんそれで話が片付きはしない。だがそれでも、今画面に映っているこのひとはこんなことを想像しているのだと、映画はそれとして見せることが出来るし、そのことのアドバンテージや面白みもあれば、それゆえのつまらなさや駄目さもある。

濱口は、そのことをよくよく了解したうえで、映画を撮っている。それはリアルを、秘密に満ちた世界のありさまを、しかと引き受けてみせているということであり、映画に何が出来るのか、映画とは何をするものなのか、という問いを、現実を都合よく忘れようとしたり現実にやみくもに対抗したりするのではない仕方、現実とか世界とか人生とか日常とかのかけがえのない一部としてのフィクションの使命を考えに考え抜くことで、何度でも省みようとすることである。

3. 偶然性と想像力の問題

『偶然と想像』の今のところの三編は、ホン・サンスの映画への目配せを強く感じさせる。「魔法」のクライマックスのズーミングを見て、ホン・サンスの得意技を思い出さない映画ファンはいないだろう。「物語のやり直し」も一時期のホン・サンスがよくやっていた手法である。実は「扉は開けたままで」と「もう一度」にもドラマがもっとも高まったところで不自然なズーミングが登場する。

濱口がホン・サンスを意識していることは疑いない。だがしかし、それが単なるオマージュであろうはずがない。故意に同じような手口を用いることで、濱口はむしろホン・サンスとの差異を示そうとしているのではないか、そう私には思える。ではその差異とは何か？

御都合主義と言うならば、ホン・サンスこそ確信犯的に御都合主義を濫用している。だが、そこで志向されているのはリアリティではない。むしろ逆で、ホン・サンスは映画の中でしか起こり得ない都合のよい——それはしばしば主人公にとっての「都合のよさ」である——お話を意図的に語り続けてきた（最近はそこに興味深い破れ目が出てきたが、それは本論とは関係ない）。ホン・サンスは間違いなく現在もっとも重要な映画作家のひとりだが、その作品はどれも一種のファンタジーであり、ファンタジーであるがゆえの魅力と強さを有している。ホン・サンスの映画は、こんなことは現実にはあり得ない、だからこれは映画なのだ、と繰り返し語っている。濱口竜介は、まったく正反対である。彼は、これはもちろん映画でしかない、だが、こんなことだって現実に起きるのだ、と言っているのだ。

映画作家は或る種の神である。全てが思い通りになるわけではないにしても、一本の映画の造物主であり、ほかの誰よりも全知全能に近い。一本の映画を造るとは一個の世界を創ることに等しい。必然＝必定＝運命の否定としての偶然性と、無数にして無際限の想像力は、いわば世界による神への叛逆《はんぎゃく》である。偶然と想像は、フィクションを不確定、不安定にするが、そのことによってこそ、フィクションは真の意味で、リアルと、この世界と、等価になる。

映画作家はひとりの神である。だが同時に、彼/彼女は、ひとりの人間でもある。当たり前だ。だが、この当たり前をどこまでも真に受けなくてはならないのだ。そのことを濱口竜介はよくわかっている。

初出=『文學界』2022年1月号、文藝春秋、二〇二一年

スパイの妻と、その夫

——黒沢清VS濱口竜介・野原位

「夫婦」の物語

黒沢清監督の『スパイの妻』は、やや特殊な製作背景を持った作品である。同作の脚本執筆者、濱口竜介の監督作『ハッピーアワー』でプロデュースを務めた岡本英之（『スパイの妻』のエグゼクティヴプロデューサーのひとりでもある）と、『ハッピーアワー』と『スパイの妻』の脚本家の野原位、濱口の三名によって二〇一七年の秋に黒沢清監督作品として企画が立ち上げられたが、その後、仔細は与り知らぬ（だが映画の世界ではよくあるものであろう）紆余曲折を経て、ＮＨＫの８Ｋスーパーハイビジョンの単発ドラマとして完成し、二〇二〇年六月に放映された。ほどなく「劇場版」が一〇月に公開される旨がアナウンスされたが、その前の九月に開催されたヴェネチア国際映画祭に出品され、黒沢が最優秀監督賞に相当する銀獅子賞を受賞、はからずも凱旋上映ということになった。コロナ禍によって黒沢や主演の蒼井優、高橋一生らは映画祭の現地入りをすることはかなわなかったが、この思いがけぬ喜ばしいニュースは各種メディアによって大きく喧伝された。

今、この文章を書き始めているのは二〇二〇年の一〇月一五日であり、たまたまのことだが『スパイの妻』は翌日から劇場公開されることになっている。私は8Kの再生機材を持っていないのでNHKの8K版は観れておらず、本論はもっぱら「劇場版」の試写に基づくものであることをお断りしておく。また、論述の都合上、いわゆるネタバレには基本的に配慮しないので、その点が気になる方はご注意を願いたい。

『スパイの妻』を観終わってすぐに思ったのは、これはいわば「黒沢清による黒沢清論映画」だ、ということだった。黒沢清自身が撮った「黒沢清へのオマージュ作品」と言ってもいい。もちろんここには幾つもの留保がつきはするが、映画全体にいかにも黒沢清的な要素がふんだんにちりばめられていることは誰の目にも明らかだろう。言い換えればそれは、脚本を執筆した濱口竜介と野原位には明確にその意図があった、ということである(黒沢も脚本にクレジットされているが、おそらくそれはあとで触れる重要な追加点によるものだと思われる)。この物語(=脚本)はそもそもの最初から「黒沢清が監督する映画」として構想されており、そのことは映画を観ればすぐに了解される。濱口と野原は過去の黒沢清のフィルモグラフィ、黒沢清の世界を研究し尽くしたうえで、敬愛と野心と戦略を持って脚本執筆に臨んだのだ。ふたりは黒沢が教授を務める東京藝術大学大学院映像研究科の修了生であり、要は直系の師弟関係にあるのだから、このことはさほど意外ではないと思われるかもしれない。実際、過去にも同じく東京藝大出身の田中幸子(『トウキョウソナタ』(二〇〇八)、『リアル〜完全なる首長竜の日〜』(二〇一三)、『散歩する侵略者』(二〇一七))や池田千尋(『クリ

ーピー 偽りの隣人』（二〇一六））が黒沢映画の脚本を手掛けている。だが今回の場合は黒沢が教え子を脚本に迎えたのではなく、教え子たちのほうが師匠に脚本を献呈（？）したのである。この違いは見逃せない。それに考えてみれば、黒沢清に「黒沢清論としての映画」を撮らせるというのは、かなり倒錯的な試みだとも言える。「敬愛」のみならず「野心」と「戦略」と記したのは、この点にかかわる。

本論ではひとつの批評的視座として、『スパイの妻』という映画を、濱口たちが黒沢に撮らせようとした映画と、現実に黒沢が撮り上げた映画とのズレや差異が複雑に刻印された作品として読解する。端的に言えば、黒沢は濱口たちの「黒沢論」に素直に乗っかっているところと、そうでないところがある。そしてこの「そうでない」も一筋縄ではいかない。つまりそこには師弟間の暗然とした闘争が隠されているのだ。

『スパイの妻』は、一九四〇年から終戦までの神戸を舞台に、貿易商の夫・福原優作（高橋一生）と、その妻・聡子（蒼井優）の運命の転変を描いた作品である。優作は甥の竹下文雄（坂東龍汰）を伴って満州に赴いた際、偶然に関東軍の七三一部隊による細菌兵器の生体実験の事実を知り、その証拠を日本に持ち帰って大日本帝国を国際社会に告発しようとする。その後、優作と文雄に連れられて満州から帰国した謎の女・草壁弘子（玄理）が何者かに殺害される。聡子の幼馴染であり、密かに彼女に思いを寄せる津森泰治（東出昌大）は憲兵分隊長として神戸に着任していたが、文雄をスパイ容疑で逮捕、優作にも疑いの目を向ける。文雄から中身を見ずに優作に渡してほしいと託されたノート——日本軍の実験の秘密が克明に記されており、草壁弘子は現地の施設に勤務していた看護師で、ノートを書いた医師の愛人でもあった——の内容を知った聡子は、否応なしに事件に巻き込まれてゆく。

神戸は黒沢清の出身地であり、また濱口が『ハッピーアワー』を撮った街でもある。黒沢は大学進学で上京するまで同地在住だったが、これまで神戸を自らの映画の主な舞台としたことはなかった。しかも実は『スパイの妻』も、ほとんど神戸では撮影されていない。以下でも何度か参照することになる黒沢と濱口、蓮實重彥による鼎談「歴史映画のその先へ——『スパイの妻』をとことん語る」（『文學界2020年11月号』）によれば、福原夫妻の屋敷を除いて、現実的な事情により大半の場面が神戸以外の場所で撮影されたそうである。実際、先の鼎談で黒沢自身も認めているように、『スパイの妻』のロケーションには、ほぼまったくと言っていいほど神戸らしさは見当たらない。映像設計はどちらかといえばこじんまりとまとまった印象が強く、外部へと開かれた風通しのよい雰囲気は希薄であり、港町としての風情は皆無に近い。この映画で海がはっきりと映し出されるのは、草壁弘子の死体が発見されるシーン、優作の最後の登場ショット（ただしこれは聡子の妄想かもしれない）、そしてラストの三場面のみである（聡子が密航する船に乗る場面は夜に設定されており、画面は漆黒に覆われている）。神戸の市中は筑波にある『いだてん～東京オリムピック噺～』のオープンセットを流用している（『スパイの妻』の撮影の佐々木達之介、照明の木村中哉はNHKの職員である）。先の鼎談でも、もっぱら予算やスケジュールの都合による苦肉の策だったと黒沢は発言しているが、それをそのまま鵜呑みにすることは出来ない。むしろ黒沢は初めから『スパイの妻』を「神戸の映画」にするつもりはなかったのだと考えるべきだろう。まずはこの点に、脚本執筆者と監督との、親愛に満ちた、クリエイティヴなすれ違いが仄見えていると考えるのは穿ち過ぎだろうか？

ほかにも『スパイの妻』には、従来の黒沢映画との無視出来ない違いが幾つか見出せる。ここでは二点だけ挙げておこう。ひとつはカメラワークである。黒沢の近作の多くで撮影を手掛けている芦澤明子は芝居の流れに沿った複雑で精妙な移動撮影を得意としているが、『スパイの妻』には芦澤がカメラを担当した黒沢作品にはあまり見られないワンシーン内の同軸のサイズ変更、あるいはそれに近いカット割りが散見される。これは室内シーンに顕著であり、もちろんここいちばんになると長回しも導入されているのだが、全体としてやや細かく画面を割っている印象を受ける。このことが、8Kとはいえテレビドラマとして製作されたこと、撮影の佐々木達之介と黒沢が初仕事であったことと関係しているのかどうかは不明だが、結果としてこれまで以上に「俳優の演技を見せること」に注力しているように見えるのは事実である。

もうひとつは、カーテンである。黒沢映画に出てくるカーテンは、白い無地のカーテンであり、そしてそれはほぼ常に、外からの風によって、ときには緩慢に、ときにはやや激しく揺れている。それはつまり窓が開いているということなのだが、カーテン越しに外景が見えることはほとんどなく、とりわけホラーやスリラーにカテゴライズされるような作品の場合、得も言われぬ不安感を喚起することとなる。ところが『スパイの妻』では、福原の屋敷のリビングに白のカーテンはしつらえられているものの、それはけっしてそよがないのである。むろんこれも現実的な事情によるものかもしれない（前述のようにくだんの屋敷は神戸にある実在の建物を使用している）。だがしかし、黒沢映画におけるカーテンの効用をよく知る観客にとって、この点はきわめて重要である。揺れるカーテンは、これから何か日常的とは呼べないような出来事が起こるということを暗に予告する機能を帯びているのだが、『スパイの妻』における揺れの不在は、今回はそのようにことは運ばない、と告げているかのようなのだ。

とはいえ『スパイの妻』が、幾つもの意味できわめて黒沢清的な映画であることは間違いない。忌まわしい実験が記録されたフィルム（映像）は『CURE』（一九九七）や『LOFT ロフト』（二〇〇五）を思い起こさせるし、無惨に殺された女は『叫』（二〇〇六）のように赤い服を着ており、市電の窓の外は真白で何も見えず、『散歩する侵略者』の夫婦が逃亡する際の自動車のようにまるで異空間を走っているように思える。先にも触れた優作のラストショット、海の向こうに敢然と逃走する、そしてそこには一発逆転を賭けた希望が宿っている、という発想は『回路』（二〇〇〇）の結末を想起させる。ことほど左様に、脚本に指定されているかどうかにかかわらず、『スパイの妻』には「ザッツ黒沢清！」と思わず叫びたくなるようなお馴染みの設定や既視感を催すディテールが大小さまざまに存在している。かといって、それはもちろん自己模倣やセルフ・パロディに陥っているわけではない。いや、そうなっていても不思議ではなかったのを、すんでのところで鮮やかに回避してみせている、と言ったほうが正しいかもしれない。

　だが、数ある「黒沢清らしさ」の中でも特筆すべきは、何といっても『スパイの妻』が「夫婦」を描いた映画である、ということだろう。しばしば指摘される、というか誰にとっても明白なことだが、近年の黒沢作品は、それぞれのジャンル映画的属性を剝がしてみるならば、その多くが「夫婦の物語」になっている。『岸辺の旅』（二〇一四）も『クリーピー 偽りの隣人』も『散歩する侵略者』も、或る一組の夫婦の関係性の変化を描いていた。興味深いのは、この三作がいずれも「原作もの」だということである。『岸辺の旅』は湯本香樹実の小説（二〇一〇）、『クリーピー 偽りの隣人』は前川裕のミステリ小説（二〇一二）、『散歩する侵略者』は前川知大作演出の劇団イキウメの演劇作品（二〇〇五）が、それぞれ原作となっている。黒沢は三作とも、その都度組んだ脚本家（『岸辺の旅』の共同脚本は宇治田隆史）とともに原作に大小の改変を施し、結果としてどの作品も、原作以上に「夫婦」という主題が黒沢清的に強調されたものとなっている。

　黒沢清的、というのはほかでもない。黒沢の「夫婦映画」には共通するひとつの特徴がある。そこで描かれる夫婦は、子どものいない夫婦だ、ということである。もちろん『スパイの妻』も含め、これらの映画に登場する夫婦はまだ比較的若く、子を持つとしてもこれからの話だ、とは言えるかもしれない。『岸辺の旅』と『散歩する侵略者』の夫は不倫をしていたし、『クリーピー』の夫婦は転職と転居をしたばかりで、それどころではない、と考えることも出来るだろう。だがしかし、むしろ若い夫婦であればこそ、子どもの話がまったく出てこないのは不自然とも思える。これは『スパイの妻』の場合も同様であり、福原夫妻に子はおらず、そういう方向性の話題が仄めかされることさえなく、見ようによっては細心に遠ざけられているようにも思われる。

子のいない夫婦の物語、それが『岸辺の旅』以降の黒沢映画の主調音である。それ以前の作品では夫婦が描かれること自体、ほぼなかった（『トウキョウソナタ』があるじゃないかと言われるかもしれないが、あれは「家族」の映画である）。言い換えるならば、黒沢映画の夫婦関係においては、子どもの存在が紐帯や緩衝材として機能することはない。婚姻関係にある／あった男と女が、或る事件＝出来事＝経験を通して、ふたりきりで、互いの存在を再発見・再認識し、夫婦であるがゆえの、夫婦であり続けるための、夫婦であることを恢復するための、愛情や信頼をあらためて構築するに至る、というのが黒沢的「夫婦」映画の要諦である。

個々の映画が属する文脈や製作にかかわる諸事情を超えた黒沢映画のこのような主題的な傾向は、確かに『岸辺の旅』以降、はっきりと前面化してきたものだが、フィルモグラフィを遡ってみれば、『CURE』も、『CURE』と並ぶ九十年代黒沢清の屈指の傑作と言うべき『降霊 KOUREI』（一九九九）も、子どもを持たぬ夫婦の物語だったことが思い出されるだろう。特にマーク・マクシェーンの小説『雨の午後の降霊術』（一九六一）の翻案である後者では、卓抜なストーリー展開において、主人公夫婦に子どもがいないということが、いわば隠れた重石のように作用している。物語の後半で、風吹ジュン演じる霊能力者の妻が、役所広司扮する音効技師の夫に投げつける言葉は、十数年後に撮られた『クリーピー』で、妻・竹内結子が夫・西島秀俊に唐突に叫ぶ、多くの観客に少なからず驚きを与えただろう思いがけない台詞に反復されている。深読みをすれば、そこに露呈されている感情が「子を持たぬ夫婦」の問題とかかわっていると考えることも出来るかもしれない。子どもがいない代わりに、その夫婦には、とりわけ妻には、何かが起こらなければならないのだ。

『スパイの妻』に話を戻そう。ここで押さえておきたいのは、この映画の脚本家たち、濱口と野原が、以上のような最近の黒沢映画の特徴を、じゅうぶんにわかったうえで物語を構想しているのだということである。『スパイの妻』の脚本は一種の「黒沢清論」でもあるのだから、当然そうなる。ならば、この映画の福原夫妻は、黒沢的な「子を持たぬ夫婦」の系譜の中で、いかなる位置を占めるのだろうか。それはつまり、濱口と野原がふたりをどのような存在として描こうと試み、そしてそれを黒沢がどのように料理したのか、ということである。

「スパイ」の物語

スパイの妻の夫は、スパイなのか?

これが『スパイの妻』で発される問いである。そしてこの問いへの明確な答えは、映画の最後まで得られることはない。ここでは「スパイ」の一般的な定義を、対立する複数の陣営のひとつに所属しながら、多くの場合そのことを隠して暗躍し、最終的に自らが所属する側に利益を齎そうと(あるいは敵側に害を齎そうと)する者、とでもしておこう。本人の言い分を信じる限り、この意味でのスパイに福原優作は当て嵌まらない。彼は津森泰治に対しても、妻の聡子に対しても、自分はスパイではないと再三断言する。優作は聡子に「僕はコスモポリタンだ」と言う。たとえ国籍は日本でも、日本にも他国にも属してはいないのだと。彼が満州での人体実験が記録されたノートと、より決定的な証拠となる実験の様子が撮影されたフィルムを日本に持ち込み、次いでアメリカに渡ってそれらを公表することで合衆国を大戦に巻き込み、大日本帝国を敗北に至らせようとするのは、たまたまおそるべき事実を知ることになった自分は勇気ある行動を起こすべく――神の采配によって？――選ばれたのだと考えたからであり、つまり彼の行動を駆動しているのは義憤であり、国家を超えた正義を成そうとする良心である。少なくとも彼はそのようなことを聡子に話す。したがって優作はスパイではない。第一、優作はアメリカには過去に一度しか行ったことがなく、合衆国のスパイになる契機が見当たらない。

しかし、だとするとなぜ、この映画は『スパイの妻』と題されているのか？

この疑問への回答は、逆説的にも、やはり福原優作はスパイだったから、ということになってしまうのではなかろうか。確かに疑おうと思えば幾らでも疑える。映画の冒頭は優作と取引のあるドラモンドという男がスパイ容疑で憲兵に連行されるシーンである。ドラモンドは優作が罰金を支払って釈放され、母国には帰国せずに上海に渡る。優作は聡子に「ドラモンドは本物のスパイだったのかもしれない」と洩らすのだが、実は彼自身も仲間だった可能性は完全には否定出来ない。この疑惑は、あとで述べる一連の推論によって更に真実味を帯びることになるのだが、そこに向かう前に、この問題、すなわち「夫はスパイだったのか？」という設問が、やはりこれ以前の幾つかの黒沢映画と同様の構図を成している点に注目しておきたい。『岸辺の旅』では「夫は幽霊なのか?」という設問、『散歩する侵略者』では「夫は宇宙人なのか?」という設問が、映画の物語を動かしていたからである。

『岸辺の旅』の浅野忠信演じる夫は、失踪ののち入水自殺を果たしたが、数年後に徒歩で深津絵里扮する妻がいる自宅へと帰り着く。彼は帰りすがらあちこちにしばらく滞在し、その土地土地に住むひとびとと親しいかかわりを持っていた。そして彼は今度は妻を伴って世話になったひとたちを再訪する旅に出る。この映画の夫=死者の特異性は、彼が実体を持っており、妻だけでなく誰の目にも見えており、それどころか話すことも触れることも出来る、つまり生者と何も変わらない、ということにある。やろうと思えばセックスだって出来るのだ。実際には彼は少しずつ、その存在感(?)をすり減らしているようなのだが、幽霊らしさがほぼ皆無な幽霊という設定は、湯本香樹実の原作に則したものとはいえ、非常にユニークである。このあとに撮られた『ダゲレオタイプの女』(二〇一六)に登場する「幽霊」が、作中の誰の目に見えているのか、という問いを宙吊りにしていた——誰からも見えているのなら本物の「幽霊」だし、誰かにのみ見えているのならその者の「妄想」かもしれない——のとは、存在のありようが大きく異なっている。『岸辺の旅』の物語の進展を通して、妻の夫への認識は「やはり死んでいた」→「死んでいるとは思えない」→「だがやはり死んでいる」→「死んでいようがいまいがどちらでも構わない」という段階的な変化を辿る。つまり「夫は幽霊なのか?」という問いの答えは、最初から示されていたように、最終的にもイエスである。しかし明らかに観客に「ひょっとしたら幽霊ではない（＝生きている）のではないか？」という微かな疑念を一瞬抱かせるような演出がたびたび導入されており、それが絶妙な効果を上げていることも事実である。

『散歩する侵略者』の「夫は宇宙人なのか？」という疑いは、もっぱら長澤まさみ演じる妻のものである。松田龍平扮する夫が宇宙人であることは、観客には最初からほぼ自明だと言ってよいが（なぜならばこれはそういう映画なのだから）、妻にしてみれば、とつぜん様子がおかしくなり、言動がまるで別人のようになってしまった夫が、記憶の部分的な喪失なのか若年性の痴呆なのか、あるいは物語の途中に出てくるように未知のウイルスによる症状なのかはともかく、まさか宇宙人に身体を乗っ取られたとは考えるわけがない。だから妻は夫から「実は自分は宇宙人なのだ」と告白されても、しばらくは信じることなど出来ない。いや、彼女は最後の最後まで、ほんとうに夫が宇宙人なのかどうか、確信を得てはいない。ただ彼女は彼を信じることにした、それだけなのであり、そのことがすこぶる感動的なのだ。もう一方の、長谷川博己演じるジャーナリストのエピソードも含め、『散歩する侵略者』は「信頼」を描いたドラマであり、その意味で「夫は宇宙人なのか？」という設問は重要な機能を果たしている。『岸辺の旅』と同じく、この映画の場合も、最後の最後には「宇宙人であろうがあるまいがどちらでも構わない」という境地が訪れるのである。

『スパイの妻』の妻・聡子は夫・優作に言う。「私にとって、あなたはあなたです。あなたがスパイなら、私はスパイの妻になります」。彼女は文雄から預けられたノートを優作に渡す際、その中身を見て夫を詰問し、彼の口から事の次第の説明を受ける。そして会社の金庫にしまわれたノートを優作の留守中に勝手に持ち出して、泰治のところに持って行き、その結果、文雄は逮捕され、両手指の爪を全て剝がされる拷問を受ける。なぜ、聡子はそんな暴挙に及んだのか。ノートを泰治に渡したのは妻以外にあり得ないと思った優作は聡子をなじるのだが、彼女は平然と、文雄は絶対にあなたの名前は出さないと思っていた。これであなたは守られた、それにまだこれがある、と英訳されたノートを取り出す。これをアメリカに持ち込めば、あなたの望みは果たされる。だからふたりで一緒に海を渡りましょう、もうあなたには私しかいないんです。

優作を「スパイ」と最初に呼ぶのは聡子である。夫の言う正義が、彼女には最初、さっぱり理解出来ないように見える。彼女は「私までスパイの妻と罵られても、それが正義ですか？」とまで言う。即座に優作は否定する。自分はスパイなどではない。聡子は、自分から夫を「スパイ」と呼んでおきながら、すぐさま「そんなことはどうでもいい」と言う。彼女にとっては、あなたがあなたであること、優作が夫であること、それのみが重要なのであって、あなたが、優作が、夫が何者であるのかは、最初から最後まで、どうでもいいのである。『岸辺の旅』や『散歩する侵略者』の妻とは違って、聡子には「夫はスパイなのか？」という問いに初めから答えを出している。いや、そんな問いにはまったく意味がないと思っている。だが、それと同時に（それだからこそ？）彼女は「あなたがスパイなら、私はスパイの妻になります」とも言うのである。つまり、これはほんとうは、ただ単に「私はあなたの妻です」と述べているのだ。

ここで思い出されるのは、蒼井優が『岸辺の旅』にも夫の不倫相手の役で出演していたということである。妻は夫の失踪後にその存在を知った。映画の後半、妻は夫が勤めていた病院に看護師のその女を訪ねる。その場面はファンタジックな色彩の強い『岸辺の旅』という映画の中で例外的にリアルなトーンを有している。初対面の妻と女は淡々と、だが静かな緊張感をみなぎらせて対峙する。女は妻に、彼がどういう方と結婚されているのか興味があったが、想像通りの方で、ちょっと拍子抜けした、と言う。妻が、あなたには励まされた、私が絶対先に夫を見つけ出してやるという強い意志を持てたから、と言うと、女は、自分はほかの女に盗られるくらいなら、いっそ死んでしまえ、と思うタイプです、と返す。妻は女に夫が幽霊となって帰ってきたとは言わない。ただ彼を見つけた、とだけ言う。妻は女に、自分たちがごく普通のまっとうな夫婦だということを知ってもらいたかった、夫婦の関係って凄く複雑で、なかなか他人にはわかりづらいんじゃないかと思うので、と言う。すると蒼井優は、こう答えるのだ。わかりますよ、私も結婚してますから。妻は驚きを隠せない。女は続ける。もうすぐ子どもも生まれるんです。きっとこれから死ぬまで平凡な毎日が続くんでしょうね。でも、それ以上に何を求めることがあります?

残酷なシーンである。妻と女の闘いは、まもなく母になる女の全面的な勝利で終わる。『岸辺の旅』の夫の名前は「優介」であり、『スパイの妻』の「優作」とは一字違いである。濱口竜介と野原位は明らかに意識的に名を与えている(もしも脚本の指定でなければ、黒沢清がこの名を選んだのだろう)。蒼井優演じる聡子は『岸辺の旅』で彼女が扮した女が転生した存在なのである。だが『スパイの妻』の彼女には子どもはいない。

さて、ふたたび問うてみよう。優作はスパイだったのか。推理の入口は、なぜ聡子はノートを持ち出せたのか、という点にある。それは彼女が金庫の番号を知っていたからだ。では彼女はいかにして それを知り得たのか。それは優作が趣味で撮った映画、妻と甥に出演させて遊びで拵《こしら》えた映画の中に、女盗賊（?）が金庫を開けるシーンがあったからである。『スパイの妻』が始まってまもなく、その素人映画の撮影の場面（それは蒼井優が最初に登場する場面でもある）で、優作は聡子に今しがた演じたばかりのシーンの撮り直しを求め、聡子は渋々（だが嬉しそうに）それに応じる。優作が「金庫の番号は?」と訊くと聡子は「もう覚えました」と答える。この撮影があったから、聡子は金庫からノートを盗み出すことが出来たのだ。そのノートを夫は妻の目の前で金庫にしまったのである。これらが全て優作が故意に仕掛けたこと、つまり妻が金庫からノートを持ち出すことが彼の意図的な誘導によるものだったとしたら? しかも優作は自分が泰治に疑われていることも、泰治が聡子に惚れていることも知っているのだ。こう考えてみると、俄かに「スパイの妻」の夫は疑わしくなってくる。もちろん優作が聡子の行ないに気づいたのは、金庫の傍にあるチェスの盤面が（聡子が落としたせいで）変わっていたから、という描写はある。だがしかし、物語を総合的に顧みてみるならば、この男はあまりにも怪しいのだ。

『スパイの妻』には二冊のノートと二本のフィルムが登場する。一冊目のノートは日本語で記されたオリジナルで、聡子が金庫から持ち出して泰治に渡した。もう一冊は文雄が英訳したもので、聡子から優作に渡された。一本目のフィルムはノートとともに金庫に入っていたもので、聡子は優作とそれを見る。だが二本目のフィルムが存在するのである。聡子は優作に、もっと鮮明に何もかもが記録された、それを見せれば日本軍の暴挙が即座に証明されるもう一本のフィルムがあるのではないかと問い、夫は妻に、何て女だ、と感心してみせる。この二本目のフィルムを優作は上海のドドラモンドに送り、保管させている。そのせいで彼はドラモンドに金を無心されることになるのだが、こうして福原夫妻は、妻が一本目のフィルムとともにアメリカ行きの貨物船で密航し、夫は別ルートで上海で二本目のフィルムをピックアップし、合衆国で合流する手はずとなるのである。だが出航を目前に何者かの通報によって聡子は船内で発見され、泰治に逮捕される。しかもいつのまにかフィルムは、あの遊びで撮った素人活劇映画にすり替わっているのである。そのことを知った聡子は錯乱して叫ぶ。「お見事!」と。

夫が妻を欺き、利用したことは疑いを入れない。聡子の密航を知らせたのが誰だったのかは明らかにされないが、そのことを知っている者はひとりしか考えられない。「スパイの妻」の夫は、いわゆる「スパイ」であったのかどうかはともかく、少なくとも物語の或る段階から、ひょっとするとそもそもの最初から、妻を操っていたのである。彼は「正義」という目的のためなら手段を選ばない、非情で酷薄な夫だった。「スパイ」の定義を、企み、騙し、誑《たばか》る者とするならば、彼こそはスパイだったのだ。

ふたたび「夫婦」の物語

こうして見ると『スパイの妻』の夫と妻は、過去の黒沢映画の夫婦像を踏まえつつも、キャラクターとしての性格造形と作劇上の役割をよりクリアに設定されていると言ってよい。ふたりの関係は「夫＝公」対「妻＝個」と整理することが出来る。優作は妻を罠に嵌めてでも正義を成就させようとする。彼は自分が「夫」であるという意識さえ最終的には（あるいは最初から？）持ち合わせていないように思われる。彼には個人としての幸福を希求する気持ちはほぼまったく存在していない。

一方、聡子には万人にとっての正義など、どうでもいい。彼女が求めるのは夫・優作との私的な幸福、それだけであり、その行動の全てが、その一点によって規定されている。惑る意味で彼女は夫を信じてさえいない。この点が『岸辺の旅』や『散歩する侵略者』の妻とは決定的に異なっている。彼女は夫がスパイかもしれないと疑うが、その答えに興味はないのだ。なぜなら、彼女にとって重要なのは「あなたはあなた」ということだけであり、それはつまり「あなたは私の夫」ということであり、そしてそれは「私は私」ということでもあるのだからだ。

聡子も優作も、そのキャラクタライゼーションに曖昧さは微塵もない。確かに、先に見たように優作がスパイであったのかどうかは幾通りかの解釈が可能だが、それはいわば明解な決定不能性とでも呼ぶべきものになっており、心理的な意味でのブラックボックスは存在していない。これは聡子も同様であり、その行動と振る舞いは一途とも健気とも情熱的とも言えるだろうが、要するに彼女は優作という夫と妻である自分のことしか考えていないのであり、それだけが彼女を動かし律しているのである。

そして、こうした極度の明解さ、明瞭さは、実のところかなり反＝黒沢清的なものだと言えるのではないか？　これはストーリーテリングの次元についても言える。『スパイの妻』のプロットは非常によく出来ている。特に伏線の張り方と、その回収の手際はまさに「お見事！」であり、濱口と野原はきわめて緻密に場面と台詞を配置して、妻が夫に騙される物語を明瞭かつ明解に構築してみせた。そしてこのこと自体、黒沢清の映画としては稀なのである。黒沢作品の多くは収束型の物語になっていない。次々と予想外のことが起こり、映画が開始されたときには思いも寄らなかった事態へとひたすら突き進み、幾つかの／幾つもの謎や疑念は解決されないままで終わるというのが基本形であり、端的に言って黒沢映画には伏線回収など存在しないのが常態なのだ。しかし『スパイの妻』はそうではない。濱口と野原は徹底して理詰めで物語とその展開を考え抜き、黒沢映画にかつてなかったほどの秩序と論理を与えている。そしてその結果『スパイの妻』は黒沢的な主題、黒沢的な要素を保持しながら、こう言ってよければ黒沢清らしからぬ端正な映画になった。

ところが、である。例の鼎談によると、『スパイの妻』の幕切れは、濱口と野原の脚本にはなかった部分を黒沢が追加したものなのだ。聡子は精神錯乱と看做され病院に収容される。遂にアメリカと日本のあいだで戦争が始まる。福原家が世話になっていた野崎医師（東出昌大とともに黒沢組常連である笹野高史が演じている）が面会にやって来て、優作の姿をインドのボンベイ（現ムンバイ）

で見たという知人がいる、その後、ボンベイからロサンゼルスに向かうアメリカの客船が日本の潜水艦に撃沈されたとの情報もある、と話し、とはいえ今、信用出来る情報など何もありません、とすぐに言い添える。野崎は、あなたがここから出られるように手配しましょう、と言うのだが、聡子は、それには及びません、いいのです、何だかひどく納得しているのです、と答える。いったい彼女は何に「納得」したのか。夫がやはりスパイであったということにか。自分が夫が成す正義の捨て駒にされたということにか。結局のところ夫は自分を愛してなどいなかった、ということにか、それとも。

その夜、聡子の病院も空襲に遭い、彼女は外に出て戦火を見据える。脚本はそこで終わっていたのだという。だが実際の映画では、そのあと、聡子はひとり、白みかけた浜辺をよろめきながら駈けてくる。彼女は大声を上げて咽び泣く。打ち寄せる波。そこに次の字幕が重ねられる。「一九四五年　八月　終戦」。

そして更にそのあと、黒沢清は、脚本には書かれていなかった字幕を三つ、黒地をバックに淡々と、いや、飄々と、いや、抜け抜けと表示してみせるのだ。これまでネタバレを一切気にせずに書いてきたが、『スパイの妻』の真のラストである、その三つの文章は、ここには記さないでおく。しかしこれだけは言っておこう。それらは、文字でしかないのにもかかわらず、濱口竜介と野原位が企図した「黒沢清論」、黒沢的な「夫婦」への批評的アプローチを呑み込みつつ、最後の最後で世界を裏返し、私がここまで論じてきた理路の全てを逆転させてしまうような、途方もないものなのだと。とともに、この映画が「スパイの物語」ではなく、やはり「夫婦の映画」だった、狂おしいまでの「夫婦の愛の物語」だったのだということを、いかにも黒沢清らしい、或る独特な曖昧さを伴いつつ、高らかに告げるものなのだと。

初出＝『群像』2020年12月号、講談社、二〇二〇年

第三の「非／当事者」性に向かって

――『二重のまち／交代地のうたを編む』論

「非当事者」の「当事者性」

二〇一一年三月一一日の東日本大震災と、その後の福島第一原発事故によって、言論の場、あるいは表現の場において、それ以前とは大きく異なる、きわめて重要な意味を帯びることになった言葉として、「当事者」、「当事者性」という語が挙げられるだろう。

当事者の、被災者の声を、いかにして届けるのか。どうしたら、被災者の、当事者の側に立てるのか。当事者ではない者たちにとって、当事者性とは、けっしてそこに至ることの出来ない（至ることなどあり得ない）絶対的な壁であると同時に、わずかなりとも漸近してゆくべき標でもあった。だがしかし、「当事者を代弁する」という構えの中に、すでにして誤謬《ごびゅう》と欺瞞が宿っており、代弁し得た、などと思った途端に、それは恥ずかしい嘘になってしまう、それでも尚、当事者ではない者が、当事者ではないということを引き受けつつ、当事者のために、はたして何が出来るのか。

ひとつの答え方は、むろん、当事者自らが語る、語ろうとする、その手助けをすることだ。ごく単純に言えば、たとえばインタビューである。多くの報道やドキュメンタリーで、われわれは当事者たちの証言や発言を聞いた。それらは貴重でかけがえのない声であり、語りであり、言葉だった。当事者たちに、被災者たちに、津波で家族を喪った者たちに、カメラを、マイクを向け、その姿を、表情を、声の震えを、感情を、記録してあとに残すこと、誰かに届けること。誠実で真摯な意図のもとに、そのような試みが、幾つもなされたし、今もなされている。

そのとき重要視され、また重要視するべきなのは、出来得る限り直截《ちょくせつ》に、余計な回路抜きに、当事者と向かい合うことだ。代弁、という善意を帯びた詐術に陥らないためには、そうするのがおそらくは正しい。

だが、『二重のまち／交代地のうたを編む』(二〇一九)の小森はるか+瀬尾夏美は、そうはしなかった。

断わっておくが、小森はるかは単独での監督作『息の跡』(二〇一五)、『空に聞く』(二〇一八)では当事者に直接、カメラを向けているし、瀬尾夏美も当事者への聞き取りやインタビューを数々行ってきた。むしろふたりはそうしたこれまでの取り組みの延長線上に、ほとんど論理的な必然として『二重のまち／交代地のうたを編む』での試みを見出したのだ。

時間と労力のかかったプロジェクトである。『二重のまち』とは、一本の映画の題名であると同時に、そこに至る一連のプロセスと、それを含む何度かの展示の名称でもある。

まず、やはり小森＋瀬尾の共同名義での作品『波のした、土のうえ』（二〇一四）でも描かれた、岩手県陸前高田市の津波に流された土地の上に嵩上げ工事によって築かれた新しい「まち」、その「二〇三一年」（すなわち震災から二十年後の未来）を舞台とする、四つのモノローグからなる物語『二重のまち』（二〇一五）を瀬尾が執筆した。それから、四人の「旅人」——古田春花、米川幸リオン、坂井遥香、三浦碧至——が選ばれた。四人はいずれも小森＋瀬尾と同じく被災者＝当事者ではない。旅人たちはそれぞれに陸前高田に赴き、その土地を自分の足で歩き、その土地に生きるひとびとからさまざまな話を聞き、そうした見聞（を小森のカメラは逐一つぶさに撮影していく）と、そこから得た感慨や思考を各自持ち帰って、ほかの旅人たち、そして小森＋瀬尾と共有していった。そうしたフィールドワークとフィードバック、ディスカッション等を重ねたうえで、最後に四人の旅人は『二重のまち』を朗読する……。

小森＋瀬尾が、敢えて「当事者」とのあいだに幾つもの回路を挟んでいることは明らかである。『二重のまち』という物語＝フィクションと、「旅人」という媒介者＝報告者＝朗読者の起用と関与によって、惑る意味では「当事者性」から遠ざかっているとさえ映るかもしれない。だがしかし、このような特異な方法でしか探求し得ないものがあるのではないか。それは「当事者」を「代弁」するのでも「当事者」自身が「証言」するのでもない、いわば第三の道である。それは、どうしたって、どこまでいっても「非当事者」であるしかない者が、真の当事者がそうであるのとは別の意味／別の仕方で「当事者」になること、すなわち、ほかならぬ「非当事者」であるという事実の当事者としての自己に徹底して向き合うことである。これはけっして迂遠《うえん》な方法ではない。熟慮の末に辿り着いた、誠実かつ真摯な方法なのだと思う。

『二重のまち／交代地のうたを編む』を観る、私たち非当事者は、やはり非当事者である旅人たちが、あの「出来事」と、まっさらな、まさに更地のような状態から出会い、自らの非当事者性をしかと抱え、何度もその厳然たる事実を反芻しながら、それでも少しずつ、やがては不可逆的に変化していくさまを目撃する。旅人は当事者の代弁者ではなく、私たちのアバターなのだ。そして四人は、やはり非当事者であるしかないことをよくよくわかっている瀬尾夏美が——当事者たちとの触れ合いをもとにして——書き上げた、ささやかな、だが感動的と言うしかない四つの物語を、やはり非当事者であり続ける小森はるかのカメラが映し取った、陸前高田を往く自分自身のイメージに重ねて、自らの声で読み上げる。そのとき、彼ら彼女らを通して、映画を見つめる私たちもまた、これまでとは別の意味での「非当事者」になっていくのであり、そして同時に、その変容の体験と新たな認識の「当事者」になっているのである。

「非当事者」であることの「当事者性」。そんなものに何の意味があるのか。と訝る向きもあるかもしれない。ならば問おう。「当事者」でないことにも「非当事者」であることにも、頼らずおもねらず諦めず、それでもあの「出来事」にかかわり続けようとするのなら、いったいほかにどんなやり方があるというのか？

今、新たな「出来事」の渦中で、誰もが「当事者」になってしまう可能性を持っている今、それでも常に「当事者／非当事者」の線引きがなされるしかない今だからこそ、多くのことを考えさせてくれる作品だと思う。

二重の、という言葉の意味について

『二重のまち／交代地のうたを編む』の四人の「旅人」は、それぞれ異なる出自と属性、異なる経歴と経験、東日本大震災に対する異なる距離感を持ちながら、陸前高田でともに数週間を過ごし、そこで生きるひとたちと接し、たくさんの話を聞き、自分の頭で考え、互いに話し合い、そして最後に、自分らのリサーチにずっと伴走してきた瀬尾夏美による四編の「二重のまち」と題されたささやかな物語を朗読する。煎じ詰めれば、この映画は、そしてこの映画を含む小森はるか＋瀬尾夏美のひと繋がりの試み／営みとは、このようなものだ。

二重のまち、という言葉の意味は、まず第一に、津波で多くの家屋、建物などが流された陸前高田に復興事業として嵩上げ工事が施され、以前の土地の上に新たな地面が造られることを指している。小森＋瀬尾は、工事が開始されるよりも前から、「まち」が「二重」になってゆく、この不可逆的な変化に立ち会い、見守ってきた。そもそもふたりも、もともとは被災地とかかわりを持っていなかった「旅人」だったのだ。いや、ふたりは今も旅をしている。たとえ何年、そこで生活したとしても、自分たちが「当事者」になり得ようもないということを、彼女たちはよくわかっている。

むしろそれゆえにこそ、『二重のまち／交代地のうたを編む』における一種独特なアプローチを、ふたりは編み出したのだ。

『二重のまち』と総称される小さな物語たちの大きな特長は、その語りの現在時が「二〇三一年」に設定されている、ということである。したがって、それらは全て空想の産物である。だがしかし、映画を観ればわかるように、四人の旅人が瀬尾の紡いだテクストを朗読するに至るまでには、けっしてじゅうぶんに長いとは言えないとしても、彼らが陸前高田で過ごした濃密な時間が介在している。そしてそれは、物語を書いた瀬尾が四人に先んじて体験した時間でもある。小森と瀬尾を加えた六人の旅人たちが旅先で出会ったひとびととの紛れもない真実の生が、そのひとびとにとってかけがえのない大切なひとびととの現実の死が、その経験と記憶が、それらの物語を産み出し、育み、声に出して語られるものへと鍛え上げていったのだ。したがって、それらは単なる空想の産物ではない。「二〇一一年」に起こった出来事が招くこととなった「二重のまち」の、まだやってきてはいない「二〇三一年」の姿を、私たち観客は旅人たちの声と語り、映像の連鎖と重なりによって、幻視する。

　こう考えてみると、この映画が「二〇二一年」に劇場公開されるという事実の持つ重要さに気づかざるを得ない。あれから十年が経っている。「あのとき」から二十年後は、今ではもう十年後だ。まだやってきてはいないということは変わらないが、ふたつの時間の隔たりは、すでに半分になっている。そして当然、これから十年後、実際に「二〇三一年」がやってきたとき、世界が、日本が、二重のまちが、どうなっているのか予想もつかないが、だがそのときにもこの映画はきっと存在し、誰かに、私に、私たちによって観られること、観直されることがあるだろう。そのとき、時間的な隔たりは零になっている。更にそれ以後「二〇三二年」、「二〇三三年」、「二〇三四年」……ときは進み、映画の中の未来を現実が追い越してゆく。そうして今度は、この映画で幻視された「二〇三一年」は過去となって、時間の隔たりは逆向きになってゆく。もちろん、そのことによって、この映画の意味が薄まったり、ましてや損なわれたりするわけではない。と言うよりも、或る意味で、この映画は、そのためにあるのだ。「あのとき」と「現在」という二重の時間、そのあいだに横たわる差分を測るため、測り続けるために。

映画の終わり近く、旅人四人がこれまでのことを振り返り、語り合う場面で、誰かの話を聞いて、そのひとが語ってくれた経験や記憶をほかの誰かに伝えたいと思い、そのひともそれを望んでくれても、全てを覚えていることは出来ないし、そもそも何もかもを見たり聞いたりしたわけでもないのだから、結局は自分が見たこと聞いたことのうちの自分が覚えていることしか語り伝えることが出来ない、そのことに戸惑いとやりきれなさを感じてしまう、というようなことを言う。その流れで、別の旅人が、誰かの話を聞いたときに、それを聞いたのがほかならぬ自分であることによって、別の誰かにそれを伝えようと思ったときに、自分を経由したかたちでしかそれをすることが出来ない、そのせいで知らずしてそのひとがほんとうにしたかった話を自分が変えてしまうのではないかと思うとこわくなる。絶対に無理なのだけど、誰かに誰かの話をするときに、そのひとのことをほんとうにそのまま伝えたい、誰かの存在を損ねずに、何も変えずに伝えられたらいいのに、と話す。それにまた別の旅人が、でもそれって自分自身のことでもむつかしいですよね、と応じるのだが、この一連の会話が浮き彫りにする問題はきわめて重要だ。なぜならそれは、小森はるかと瀬尾夏美が、そもそもの始めから直面し、それについて必死で考え続けてきただろう問題でもあるからだ。

それまでの人生の全てが覆るような、全てを失うような経験をしたひとの話を、たとえどれほど時間を掛けて丁寧に聞いたとしても、そしてそれを可能な限り全部を覚えていられたとしても、旅人は旅人である限り、聞き手は聞き手である限り、他者に向けてそれを伝える、つまり語り手になろうとした瞬間に、自分が聞いた、自分が覚えている、自分がほんとうにそのまま伝えたいと思っている話は、どうしたって多少とも違ったものになってしまわざるを得ない。ほんとうにそのまま、は絶対に不可能なのだ。

だが、あの場面での旅人たちの逡巡や苦悩に意味があるのは、四人が自分の限界や無力を再確認したからではない。それでも何とかしてそう出来たらいいのに、たとえ不可能でも、そうしたい、いつかきっと必ず、そう出来るようになりたいのだと、旅人が真剣に思っていることが重要なのだ。無理だとわかっていることを、無理だからといって諦めてしまうのではなく、そこに向かってわずかずつでも歩みを進めていきたいと旅人が願っていることが重要なのだ。旅人が誰かから聞いた話を誰かに伝え、その誰かがまた誰かに伝えてゆく、その連鎖の中で、もとの話は否応なしに変化変容していくことになるだろう。でもいったい、それ以外の何が可能だというのか？

二重の、という言葉の意味は、おそらく「まち」のこと、土地のことだけではない。それは二重の時間のことでもあり、そしてまた、二重の語りのことでもある。誰かが語った話を、誰かが語り伝える、そのとき、誰かと誰かの語りは重ね合わされて、少しずつ違ったものになる、だが、だからといって、最初の誰かの語りが何もかも消えてしまうわけではない。二重というのは、ひとつにひとつが重なっているということ、どちらもなくなってなどいないということだ。この貴重で切実な試行に賭けること、それをやめないこと。

初出＝ウェブ版『美術手帖』、美術出版社、二〇二〇年＋『二重のまち／交代地のうたを編む』パンフレット、東風、二〇二一年

ありそうでなさそうな／なさそうでありそうな話

――今泉力哉の「リアリティのライン」

若い頃から下北沢という街が苦手だった。

いつもやたらとひとが多くて、店はどこも混んでいて五月蠅く、そして少し歩くとなぜだかすぐに知り合いに会ってしまう。それだけ人気の街ということだし、そういうのが好きなひともいるとは思うが、自分はどうにも落ち着かない。もちろん昔はライブ、今は観劇で行くことは多いし、そもそも歩いて出られるぐらいの場所にずっと住んでいるのだけど、特に理由もなしにふと行きたいとか足繁く通いたいとか、ましてや住みたいと思ったことは、申し訳ないけど私にはない。

『街の上で』（二〇二〇）は、そんな私にとって近くて遠い下北沢を舞台とする映画である。私でも知っている芝居小屋やミニシアターや古書店やカフェなどなどが次々と出てきて、一言で言えばあの街に生息する若者たちの恋愛模様が描かれる。主人公は彼女に浮気されたうえに一方的に別れを告げられた、もうあまり若くはない古着屋の店員で、彼の駄目っぷりや不器用さと、それと裏腹の純粋さや一途さをめぐって、複数のエピソードが交錯しつつ百三十分ほどの物語が語られる。

まず言っておくべきことは、この映画がけっして「下北沢讃歌」にはなっていないということだろう。もちろん下北のさまざまな風景が明確な記名性のもとに描かれているし、魚喃キリコのマンガを読んで聖地巡礼に訪れた女の子の挿話もあったりするのだが、かといって下北が殊更に特別な場所として、すなわちほかのどことも違った個性と魅力を備えた街として神聖視されているわけではない。むしろ何と言うかそれは、ほんとうはどの街でもあり得たしどの街でもよかったのだが、たまたま下北沢になったかのように思えてくるのだ。いやもちろん下北「ならでは」感、下北「らしさ」は映画の隅々まで満ちているのだが、それでも尚、これはやはりいわゆる「街の映画」とは、もともとのやりたかったことがどうも別であるように私には思われる。では、その「やりたかったこと」とは何なのか？

今泉力哉は「リアリティのライン」に非常に意識的な映画作家である。彼は間違いなく十年代《テン》以降、もっともコンスタントに新作を撮り続けている監督のひとりだが、企画や題材の違い、オリジナルか原作ものかにかかわらず、彼の作品では常に「ありそうでなさそうな／なさそうでありそうな」出来事の連鎖と展開が描かれる。現実味とつくり話っぽさをほとんど本能的な巧みさと大胆な誠実さによって自在に織り交ぜながら、今泉は「ありそうでなさそうな／なさそうでありそうな」話を語ってゆく。しかしそれはストーリーテラー的ではない。確かに本作でも御都合主義的と思われても仕方のないような、だが映画ではよくあると言えばよくある、偶然や意外性が多用されている。これは監督と一緒にシナリオを書いた大橋裕之という稀代の物語作家の貢献もおおいにあるだろうが、しかしそれでも幾つもの偶然は淡々と、意外性はなにげなしに、ふわりと街の上に舞い降りてくるのであって、そこには大袈裟なドラマチックさはほとんど感じられない。つまりそれは映画というフィクションよりも現実世界の「リアリティのライン」の内側に——たとえどれほどありそうになく思えることでもときにはあり得るのだし、そのことを私たち自身が体験的によく知っている、という意味で——慎ましく留まっている。そう、友だちの友だち、知り合いの知り合いに、ほんとうに起こった話、という感じなのだ。

実際、ネタバレを回避してぼやかして述べれば、この映画の最大の「偶然＝意外性」は主人公が最初にフラれるその原因の部分にあるのだが、観客は頭のどこかでそれをうすうす察しつつも、ほんとにそうだとわかったとき、いやこれはないわと一瞬思う、だがそのあとじわじわと、いやでもこういうことってあるのかも、と考えてしまう。そういう風に出来ている。それは演技や演出が上手いということだけではなく（もちろんそれもある）、要するに今泉自身が「こういうことって、あるよな」と本気で思っているということだと思う。確かに嘘の話なのだが、ぐるっと廻ってリアルに着地するというか、この世界のどこかで起きたことがあり、たぶん今もどこかで起きていて、これからだってきっと誰かの身に起きる、そういう話を自分らはしているのだと信じている、ということなのだと思う。そういえば、この映画にはもうひとつ、最後まではっきりとは描かれない、精妙に隠された物語設定上の「偶然」がある（それは学生映画の衣裳係のにばん目の元カレにかかわるものだ)。これもさっきのと同じくらいあり得そうにないが、考えてみると「偶然性が逆接的にリアリティを強化する」ということだけではない条件がこれらには作用している。それこそが「下北沢」である。小さいけれど賑やかな若者の街、その緩やかな閉域に舞台を限定することによって、否応なしに「偶然」の確率は高まることになるからだ。行動範囲を同じくする他人同士は、本人たちも知らないうちに互いに繋がっていることがあるし、それがとつぜん露見することもある、これもまた「リアリティのライン」の範疇だ。

もう一点、別の角度から「リアリティのライン」について言っておきたい。今泉の映画、とりわけ最近の作品の際立った特徴のひとつは、長回しの重視である。しかしそれは、アクロバティックなカメラワークによるこれみよがしなそれとはまったく違う。あるいはまた、時間の経過そのものを浮上させるようなスタティックで退屈な長回しでもない。この映画でもっとも顕著なのは、主人公が学生映画の衣装係の部屋で互いに恋バナをする場面だろう。ふとしたことからまだよく知らない相手と思いがけず話が弾み、ほどよい距離の離れ方がかえって口を軽くさせ、ふだんは胸にしまったままの秘密や罪や傷について話すこと、話せることが、次第に仄かな共感と友愛を招き寄せていく、あの感じ。そして、いつの間にか結構長い時間が経っていたことに気づく、あの感じ。もちろんあれは芝居なのだが、誰もが思い当たることがある、あの感じ。あのシーンの若葉竜也と中田青渚はほんとうに素晴らしい。今泉は、必ずしも親密な間柄というわけではないふたりのあいだでゆっくりと親密さが醸成されていく——それは恋愛とも友情とも違うものだ——さまを描写するのがほんとうに上手だ。同様の、そこかはとなく豊かな時間は、公開が相前後した『あの頃。』（二〇二〇）にも流れていた（松坂桃李と仲野太賀が下宿で飯を食う、あの場面だ）。

私は今も下北沢という街が苦手である。用がなければ行くことはないし、住むこともないだろう。私が若かった頃だって、この映画で描かれているような出来事や関係性とは、ほぼほぼ無縁だった。

だが、それでも私は、この映画を観て、ああ、こいつらを自分は知っている、よく知っている。知っているどころか、場所も姿かたちもぜんぜん違うが、これってあいつの、あの子の、あのひとの話じゃないか、と思ったし、そればかりか、これって俺の話じゃないか、とさえ思ったのだった。特別なことなど何も描かれていない、のではない。そうではなく、この世界、この人生には、特別なことなど何もないのだし、それと同時に、特別でないことなど何もないのだという、ごくごく当たり前の、平凡きわまりない、ささやかな真理を、この映画はあらためて、私に、私たちに教えてくれる。

つまり、これは、そういう映画だ。

初出＝『クイック・ジャパン ウェブ』、太田出版、二〇二一年

ふたつの『星の子』、映画と小説

――見える映画と見えない小説

映画『星の子』（二〇二〇）の原作は、今村夏子による小説『星の子』（二〇一七）である。同作は第157回芥川龍之介賞候補となったが、惜しくも受賞を逃した。今村はその二年後、二〇一九年に『むらさきのスカートの女』で第161回芥川賞を受賞することになるが、私は今でも『星の子』で芥川賞をもらうべきだったと思っている。あの小説を初めて読んだときの静かな衝撃は忘れられない。今村は天才肌の作家と言ってよかろうが、中でも『星の子』は、その才気がぞんぶんに示された傑作である。

それだけに、小説『星の子』が映画化される、しかも主演が芦田愛菜で、監督が大森立嗣だと知ったときには、期待半分、そして正直に言うならば、心配も半分だった。そもそもあの小説を映画にするのは、なかなかの無理筋なのではないか、とさえ思ってしまった。これには理由がある。

小説と映画の違いとは何だろうか？　もちろん色々とあるのだが、もっとも本質的な違いとは、小説は見えない、ということである。小説の中で、どれだけ細密な描写がなされていたとしても、それを読んでいる者の脳内に結ばれるイメージは、どうしたって完全に同じにはならない。単純な話、小説の登場人物の姿かたちは、文章を読みつつそれを想像する読者の数だけ存在する。これに対して、映画は見えてしまう。何か特別な理由や狙いがない限り、映画の登場人物は、彼や彼女を演じる俳優の姿かたちとして、そこに見えている。彼ら彼女らがいる場所も、彼ら彼女らがする行動も、映画では基本的に全て見えている。当たり前のようだが、それでもしかし、一編の小説を映画にしようとしたとき、この違いはきわめて重大な意味を持つ。見えない小説を、見えるようにしてしまう映画は、小説に新たな魅力や面白味をつけ加えると同時に、下手をすると、見えない／見せないことによって成立していた小説の魅力や面白味を、半減あるいは消滅させてしまうことにもなりかねないからだ。

そして私が思うに、今村夏子は、数いる小説家の中でも、ひときわ「見えない」ことを効果的に用いる術に長けた作家なのである。今村の小説はどれも、平易でやわらかい言葉で書かれており、会話が多い。だが彼女の作品においては、たとえば「嬉しい」という台詞が、そのまま嬉しいという意味であるとは限らない。間違えようがないような単純な言葉であるからこそ、そこには言外の意味が隠されているのかもしれないし、ことによるとそう言っている者は、実は正反対の気持ちなのかもしれないのだ。今村の小説は、ことほどさように、ほかの小説家よりももっと、読者の想像に任せる部分が大きい。わかりやすく言えば、人物の表情が見えないということが、今村の小説では、非常に重要な効果を発揮している。見えない、という、どんな小説にも共通する条件を超えて、描かない、語らない、という、かなり高度と言ってよい方法が積極的に採用されている。いや、もちろん語られているし描かれてもいるのだが、物語上、肝心の場面になると、語りや描写が意図的に（かどうかは実のところよくわからないのだが）抜かれ、省かれることにより、読者はそこで、ほんとうは何が起こっているのかを自分で考えざるを得なくなるのである。

ちょっと専門的になるが、こういう手口を文学理論では「黙説法」という。黙ることで説く方法ということである。黙説法の名手（？）といえば、村上春樹がまず挙げられることが多いが、今村夏子も春樹とはまた異なる黙説法の遣い手である。

小説『星の子』でも、今村夏子の黙説法は冴えに冴えている。小説は「ちーちゃん」こと「林ちひろ」の一人称「わたし」で語られる、がゆえに、読者は「わたし＝ちーちゃん」を通してしか世界を見ることが出来ないし、彼女が語らないことはわからない。「わたし＝ちーちゃん」は読者に対して嘘をついているわけではないが、何と言っても彼女はまだ幼いので、誤解や錯覚もするし、願望やおそれを事実と取り違えてしまうことだってあり得る。『星の子』は、両親が怪しげな新興宗教にハマってしまったせいで普通とは少し（かなり）違う生活を送ることになった少女の物語である。小説のポイントは、このことを「わたし＝ちーちゃん」が、ほんとうはどう思っているのか、いつまで経っても判然としない、ということだ。そもそものきっかけが、生まれつき体が弱かった「わたし＝ちーちゃん」のアトピーが「教会」が販売している特別な水によって治ったことであるだけに、余計に彼女の心情は複雑だと言っていい。小説『星の子』は、「わたし＝ちーちゃん」が、彼女なりに「教会」を信じているのか、それとも両親に合わせているだけなのかを、はっきりとは語らない。彼女の心の中、その底の底にあるほんとうの気持ちを、今村の筆はさりげなくも巧妙に隠したまま、クライマックスの「星々の郷」の場面へと読者を運んでゆく。

さて、映画『星の子』を観ていささか驚いたのは、映画が九割がた小説の通りだったということである。大森は脚本も執筆しているが、彼は可能な限り原作を大切にしている。この点は、小説であれマンガであれ「原作」とは似ても似つかぬ「映画化」が横行する現在の日本映画の惨状からすると、まず第一に賞讃に値すると思う。映画『星の子』は小説『星の子』への深い理解とリスペクトに満ちている。登場人物の設定、物語の展開、エピソードの数々など、映画はほとんど小説そのままである。主演の芦田愛菜は、率直に言えば、最初に彼女の起用を知ったときには「ちーちゃんのイメージとちょっと違う」と思ってしまった。小説『星の子』のヒロインは、もう少しこう、どこかぼんやりした感じの少女を思い浮かべていたのだ。だが映画を観てゆくうちに、芦田の真っ直ぐな演技と繊細な表情の変化によって、言葉だけの存在だった「ちーちゃん」が生身の実在になっていくのを、感嘆とともに見守ることになった。名演である。映画を観終わってしまったら、もう私には芦田愛菜以外の「ちーちゃん」は考えられなくなっていた。

ほとんど小説そのまま、とは書いたが、大森はもちろん映画化に当たって、幾つかの、だがとても重要な変更を加えている。ここでは二点だけ挙げておこう。「星々の郷」で、別行動になった「ちーちゃん」は両親となかなか会えないのだが、黒木華演じる「教会」の「昇子さん」が、彼女を呼び止めて、こんなことを言う。「ちいちゃん迷ってるのね。あなたがここにいるのは、自分の意志とは関係ないのよ」。実はこの「自分の意志とは関係ない」は、小説では「昇子さん」が別の人物に言う台詞なのだ。大森は敢えてこれを「ちーちゃん」に向けることで、「自分の意志とは関係ない」をダブルミーニングに、すなわち「神（？）の意志」と「両親の意志」のどちらとも受け取れる台詞にした。これは非常に巧く、そして深い。

そしてもうひとつは、ラストシーンである。やっと両親と会えた「ちーちゃん」は、三人で夜の星を見に行く。父親が流れ星が見えたと言い出す。そこから先も、映画はほとんど小説と同じである。だが、微妙な違いがある。それは、ほんのわずかなものなのだが、それによって、映画は原作に対するリスペクトを保ったまま、映画ならではの、すなわち「見えてしまう」がゆえの新たな意味を獲得している。

映画を観た方は、原作小説も読んで、是非ともふたつの『星の子』の違いを確かめてみてほしい。ヒントは「ちーちゃん」を演じた芦田愛菜の表情である。

初出＝『星の子』パンフレット、東京テアトル・ヨアケ、二〇二〇年

ヒューマニズムについて——実験劇映画作家としての深田晃司

幸福はいつまでたっても幸福のままだ、という逆説的な不幸が現われて来る時、突然崩れ去る幸福な日常というイメージでしか、日常性を捉えることの出来ない人は、幸福のモロサを提出してみせたのではなく、事件が起って事態は一変するだろうという風に考える、一種のロマンチストでしょう?

——金井美恵子『愛の生活』

1．出来事

『LOVE LIFE』（二〇二二）は、矢野顕子の同名曲にインスパイアされた企画として立ち上げられた、深田晃司の監督最新作である。矢野の歌は映画の中でも流れるが、本論ではこの曲とのかかわりについては特に触れない。ただ題名の由来として最初に記しておくに留める。

いや、これだけでは言葉足らずだろう。矢野顕子の曲、とりわけその歌詞に引っ張られ過ぎると、この映画の本質（?）を見誤るおそれがあると私は考えている。『LOVE LIFE』という作品が持つ、或る独特な豊かさと複雑さを出来るだけ正しく読み取るためには、まず第一に、それを「愛」がテーマの映画、それも「夫婦の愛」が中心的に描かれた映画としては観ないということが必要だと私は思う。

何を言ってる、どう見たってそうじゃないか、とすぐさま反論が寄せられそうだが、ひとまず始めよう。

妙子は、まだ幼い敬太を連れて二郎と再婚した。二郎は血の繋がらない息子に我が子同然に接している。二郎の両親は息子が連れ子のいる女性と結婚したことにやや複雑な感情を抱いている。二郎は職場に長くつき合った恋人がいたのだが、妙子と出会って乗り換えたのだった。元恋人の山崎は今も同じ職場にいる。妙子と敬太との距離がうまく摑めないでいる二郎の父親の気持ちをほぐそうと、夫婦と二郎の仲間たちが二郎宅（以前は二郎の両親が住んでいた）でサプライズで父親の誕生会を催すことになる。

これが物語の始まりである。幾つかの不安要素はあれど、さほど変わった設定とは言えない。むしろ凡庸なドラマと言ってもいいかもしれない。ところがこのあと、映画はとつぜん、きわめて深田晃司的な急展開を迎えることになる。誕生会の最中に敬太が水の溜められたバスルームで溺死するからである。

そう、まさしくこれは深田晃司の映画である。彼の作品では非常にしばしば、一見すると平凡と呼ぶことも可能に思われるような、あるいは平凡へと向かいつつあるかのように思われていた状況が、唐突な、誰も予想がつかない出来事（あるいは「出来事」の露見）によって、一挙に忌まわしい悲劇へと変貌する。たとえば『淵に立つ』（二〇一六）では、町工場を営む夫の旧友を名乗る男が刑務所から出所してきて、住み込みで働くようになる。男は寡黙で謎めいた人物だが、穏やかで働きぶりもよく、夫と妻と十歳の娘の三人家族に自然と溶け込んでゆくかに見える。もちろんどこか不穏な雰囲気は漂っているし、妻とのあいだには危険なロマンスの気配が立ち込めていくのだが、しかしその後に起こる事件は大方の観客の予想を超えるものである。妻への想い（欲望？）を拒絶された男は娘に暴行を働き、そのまま失踪する。娘は全身まひの障がいを持つ身となり、それから八年の歳月が流れて、夫は復讐のために興信所を使って男を探し続けている。私はこの作品を初めて観たとき、問題の場面で映画があらぬ方向に急激に折れ曲がるような気がした。それは驚愕と呼んでよかったが、それでいてどういうわけか、自分はこうなることを知っていた、という完全に矛盾した感覚も抱いた。そしてしかし、深田映画の凄味は、そこで終わらない、ということなのだ。そこから先を、徹底的に突き詰め、必死で考え抜き、ひたすら追い込んでゆく、それが深田晃司の作劇の最大の特徴だと私は考えている。

『よこがお』（二〇一九）の場合、よりプロットは錯綜しているが、そこに宿るドラマツルギーの構造は同様である。終末期医療の訪問看護師をしていた女が、末期がんの老女性画家の自宅に通ううちに、その家族と親しくなる。或る日、老女の孫に当たる姉妹の中学生の妹が行方不明になり、一週間後に無事保護されるが、連れ回していた犯人は女の甥だった。姉妹の姉は女を慕っていただけにショックを受け、マスコミに女が加害者の親族であることをリークしてしまう。その結果、世間から手酷い攻撃を浴び、女は看護師の職を失ってしまう。半年後、女は素性を偽り、姉の婚約者に接近する……こうしてあらすじを書き記していても、何ともややこしい話だが、女の甥がなぜ、そのような行為に及んだのか、その動機や背景、彼の内面といったことは、まったく描かれることはない。ただ彼はそれをしたのであり、それは『淵に立つ』の前科持ちの男とよく似ている。取り返しのつかない災禍を齎す者はいわば空洞なのだ。もちろんさまざまな想像や推定は可能だが、それを欲望と呼ぼうが、もっと別の何かだと思おうが、それが起こってしまったことに変わりはない。映画が描くのは、描こうとするのは、それでどうなるか、なのだ。

この意味で『LOVE LIFE』の溺死事故も、まったく同じメカニズムを有していると言える。そこには加害者が存在していない分、もっと残酷と言ってもいいかもしれない。そこには『淵に立つ』や『よこがお』にはあった「復讐」というテーマが入り込む隙がないからだ。

では、それからどうなるのか？　息子の葬式に、行方不明になっていた敬太の実父である妙子の元夫がとつぜん現れて、妙子の頬を張り、号泣する。自分の過失で敬太を死なせた自責の念に囚われて虚脱していた妙子も、そのときやっと声を上げて泣く。妙子の元夫のパクは韓国人のろう者だった（実際にろう者の俳優、砂田アトムが演じている）。彼は妻と幼い息子を残して惑る日とつぜん姿を消し、妙子は行方を探したが見つけることが出来ず、妙子は二郎と再婚した。パクは韓国に帰ることも出来ず、路上生活者になっていた。

その後、妙子が働くホームレス支援のNPOにパクがやってきて、生活保護申請をしようとするが、韓国手話を解するスタッフがほかにおらず、妙子が担当することになる。いかにも深田映画らしく、というべきだろうが、パクが失踪した理由は、はっきりとは示されない。自分の妻が元夫とふたたびかかわることになったことを二郎は知り、葛藤の末、元恋人の山崎とふたりで会ってしまったりする。しかしそれで何が起こるわけでもない。妙子はやがて、二郎の不在時に、寝る場所のないパクを（両親が暮らしていた自宅向かいの）家に泊める。しかしそれで何が起こるわけでもない。この映画では、そのようなこと、似たような設定のほかの監督の映画であれば当然のごとく起こってもおかしくはないようなことは、何ひとつ起こらない。これは、そういう映画ではないのだ。

では、どういう映画なのか？

2. 倫理

妙子の元夫パクの「在留韓国人」で「ろう者」で「ホームレス」という三つの属性には、マイノリティへの、弱者への深田の視線が凝縮されている。ひとりの登場人物に、ここまでそうした設定を集中させるのはキャラクタライゼーションという点ではかなり危険なことかもしれない。だが深田はそうしたし、そうする必要があったのだと思う。ろう者の役をろう者の役者に演じてもらうことも、彼がどうしてもそうすべきだと思ったということだろう。

ここには、とりわけこの十年ほどのあいだに、映画に留まらず芸術文化のあらゆるジャンル、そして芸術文化以外のあらゆる事象において急速に（と言ってよかろう）立ち上がってきた、大文字の、そして無数の小文字の「倫理」の問題がかかわっている。政治的な正しさ《ポリティカル・コレクトネス》、アイデンティティ・ポリティックス、格差、差別、当事者性、ここで総覧することなど到底不可能な多数の互いに絡み合った諸問題が、それはずっと前から存在していたのだが、ようやく表現の次元、芸術文化の次元、映画というジャンルにおいても最重要課題として扱われるようになってきて、それが一時の流行ではないことを祈りつつも、このこと自体は当然ながら望ましい事態ではある。これは明確に国際的な現象だが、その波が日本にもそれとわかるかたちでやってきたのがここ数年ということかもしれない。そして深田晃司は、濱口竜介と並んで、そのような「現代日本映画の或る種の傾向」を代表する映画監督のひとりである。

だが深田の場合、その取り組みの大きな特長は、惑る意味で、個別の問題を具体的に掘り進むことよりも、その更に底にある、もっと曖昧だが厄介な、だがきわめて重要な何かに手を伸ばそうとする身振りにあると私には思える。いや、もちろん『LOVE LIFE』にはホームレス支援の現場が誠実に描かれている。だが、繰り返すが、ひとりの人物に三種類もの属性を敢えて負わせるということには、個々の属性から敷衍《ふえん》し得る主題の展開以上に、そのような人物、いわば徹底的に、完膚なきまでに世界から見放され、切り立った途方もなく高い崖のぎりぎりの淵にまで追い込まれているかに見える人間と、いかにして触れ合えるのか、そしてまた、そのような人間、そうではない者からすると絶対的な悲劇の極にあるとしか思えない人間とは、実際のところ、いかなる人間であ(り得)るのか、という問いが存在している。それこそが、深田の真の主題なのだ。

だから、パクが在留韓国人でろう者でホームレスであることは、誤解をおそれずに言うと、一種の「実験」である。そんな人間が——もちろんそのような者たちは間違いなく実在する——いたならば、目の前にいたら、あなたはどうするのか、あなたはどうしたいと、どうすべきだと思い、何が出来るのか、あなたは何を考え、どう行動するのか、そんな「実験」なのである。

こう考えてみると、深田のこれまでの映画は、どれもこれも「実験」だったのだ。実験とは、そい、れでどうなるのか、を試すこと、結果を見越さずやってみることで、やってみた結果を知ろうとすることである。だから深田作品は、言うなれば小さな社会実験のようなものだと言ってもいいかもしれない。そして『LOVE LIFE』においては、これまで以上に明確に「倫理」の問題が前景化している。或るかなり特殊な状況=ケースを想定し、登場人物を配置したうえで、それでどうなるかをじっくりと観てゆく、思考しつつ観察する、結果と思える何かが見えてきた気がしてもそこで実験の手を緩めることなく、作業工程を止めず、まだその先にあるかもしれない何かを見出そうとすること。我が子を死なせ、その代わりに、死んだ子の父親である、負性(と敢えて書く)の結晶のような元夫が還ってくる。それでどうなるのか、それでどうするのか、これが『LOVE LIFE』の物語である。この意味で、この映画は倫理的な映画であるだけでなく、メタ倫理学的な映画でもある。

実験映画というジャンルがあるが、それとはまったく異なる意味で、深田晃司の作品は「実験劇映画」なのだと思う。彼はフィクションという枠組み、ドラマという仕組みを用いて、実験をしているのだ。何を？　人間性を、である。

だが、そこへ向かう前に問うておくべきことがある。妙子はパクと再会し、それは当然ながらもともと夫婦だったのだから、自然と通い合うものがあり、ふたりのあいだにはかつて流れていたのかもしれない親密さのようなものが漂い始める。ここで重要なのは、パクが韓国手話でしか話せないため、観客には彼の心中をほかの人物と同じように把握したり推し量ることが困難であるということだ。パクは何を考えているのか今ひとつよくわからない、いやほとんどさっぱりわからない人物として描かれている。一言でいえば彼は歴然とした負け犬に見える。だから観客はほかの人物たち、ほとんど妙子を通してしか、パクを理解する術がない。というか、それではほぼ理解出来ないに等しいし、実際にそうなのだ。ここでは触れないが、物語の終盤で、彼の駄目さが、またもや思いがけないかたちで露見したりもする。だから間違ってもパクは、持たざる聖人などではない。彼はおそらく、持たざる者であることを世界から強いられただけではなく、自らも持とうとしてこなかった。つまり、負け犬である。それは明らかにそうなのであって、というよりもむしろ、そのような人間とどうかかわるのか、という実験なのだ、これは。

そこで問題となるのは、妙子のパクへの気持ちは、いったい何であるのか、ということである。妙子は彼の子を産んだ。ふたりはかつて愛し合っていたのだ。それがどのような経緯でそうなったのかは一切語られることがない。物語の起点ですでにパクはおらず、妙子は二郎と結婚しているのであって、時間が戻って過去の顛末が示されるわけではない。妙子がパクと、どうしてそうなったのか、という物語は観客に与えられない。そんなものはないのだと言ってもいいかもしれない。だがおそらく、かつてふたりのあいだには愛情が、それ以前には恋のようなものがあったのだろう。では再会したあと、よりにもよってふたりの子が永遠に失われたことがきっかけで再会したあと、思いがけぬ成り行きで支援者とホームレスという関係で元夫と再会したあと、妙子の気持ちはどうなのか、どうなったのか。彼女はパクを二郎の両親の家に住まわせてしまう。一時のこととはいえ、明らかに妙子は仕方なくというより自分でそうしたくてそれをしている。やがてパクは或る理由で韓国に帰ることになると、ぎりぎりで妙子は二郎に、あのひとには私が必要なのだ、だから私はあの人と一緒に行かなくてはならない、と口にするのである。二郎には、どうしたらいいのかわからない。

では問おう。それは愛なのか？　妙子がパクに向ける感情は、愛なのだろうか？

ここに、この映画の核心があると私は思う。愛ではないとは言わない。そもそも愛の定義、愛の必要十分条件も、私にはよくわからない。だがそれは、どう考えても愛だけではない。ではそれはただの憐憫なのか、相対的強者が絶対的弱者に注ぐ心優しき視線でしかないのか、それも違うと私は言いたい。だから裏返せば、それは「倫理」だけではないのだ。愛だとは言わない。だがそこには何かがあるのだ。これこそもっとも重要なことだ。

3. 人間

『さようなら』（二〇一五）は、平田オリザの同名戯曲（二〇一〇）を原作としつつ、深田が独自の解釈と拡張を施した長編映画である。戯曲は平田の「アンドロイド演劇」の一環として書かれた短編劇だが、東日本大震災を挟んで改訂が加えられた。映画の内容はおおよそ次のようなものである。放射能汚染で人類は絶滅の危機にある。ひとりの少女が、人里離れた一軒家で、両親に買い与えられた女性型アンドロイドだけを相手に、日々を暮らしている。アンドロイドは少女に詩を読み聞かせる。原作では、やがて不治の病にあった少女が亡くなり、アンドロイドだけが残される。

平田の企図のひとつは、所詮は機械でしかないアンドロイドにあたかも「内面」が、つまり心があるかのように観客が感じるにはどのような条件が必要か、というようなことであり、それは一連の「アンドロイド演劇」の目標でもある。映画も筋は同じなのだが、これは演劇と映画の違いと言ってもいいだろうが、映画ではアンドロイドに心があるのはデフォルトであり、深田の主眼は少女、というか「人間」のほうに向けられている。原作と同様、少女は死ぬ。そしてその後、映画はその死体が腐り朽ちていくのを、驚くべき冷徹な視線で凝視し続けるのだ。だからこれも「それでどうなるか」の実験である。まさしく実験だ。観察と記録。有機物の集合体としての人間。それは即物的な、ただのモノだ。だが同時に、やがて膨大な粒子となって雲散霧消してしまう、かつてヒトであったモノの内部で、かつて心と呼ばれる何かが駆動していたことも、また確かなのだ。だからこの実験は、ただの科学とは違う。ぜんぜん違うのだ。

『LOVE LIFE』を「愛の映画」、とりわけ「夫婦の愛」を描いた映画として理解することは容易いし、間違ってもいない。だが、そこにフォーカスすると見えなくなってしまうものがある。確かに物語の終わりは、二郎のもとに戻った妙子と、彼女を迎える二郎の様子であり、ふたりは連れ立って外へと歩き出すだろう。そこには死んでしまった妙子の息子の不在という存在が、仄かに浮かんでいる。矢野顕子の歌が流れ、タイトルが初めて画面に現れる。終わりというよりも、夫婦の新たな始まりを示唆して、映画は終わる。

だが、それよりもっと重要な、大切なことがある。私はそう思うし、そうだと言いたい。しかしそれは、妙子とパクの関係ということではない。前にも書いたように、パクという人間は、おそろしく気の毒な、負け犬に過ぎない（と敢えて書く）。だが彼は、韓国へと向かう別れ際に、妙子に手話でこのようなことを言う。私は映画を一度しか観ておらず、確かめることも可能だが記憶だけで引用すると、パクは、皆が君に、敬太のことをどうにかして乗り越えろ、忘れられるようにしろと言うだろう、でも君は絶対に、それを忘れてはならないし、乗り越えなくていいし、乗り越えてはならない。君はそれを過去にしてはいけない、これからもずっと、たとえどれだけつらくても、君はそれを持っていなくては駄目だ、そのようなことを妙子に告げるのだ、妙子にしか理解出来ない異国の手話で。

そもそも忘れることなど出来るわけがない、というのも事実だ。だが、パクが言っているのは、そういうことではない。ただの負け犬の彼が言うのにも意味がある。こういう場合、そういうとき、ひとはそれが不可能だとわかっていても、乗り越えることを、前向きな忘却を、何とか志向しようとする。それに成功することなど滅多にあり得ないのだとしても、それを試みること、そうせねばこの先生きていけないと考えるのは、まったくもって無理のないことである。だがパクは、そうは言わない。彼は要するに、君はそれを出来はしないし、それを出来ない自分を許していい、と言ったのだ。なぜならそれが、それこそが人間であるからである。たとえそうするべきであり、そうしたかったとしても、ほんとうにそれが出来てしまったなら、君は人間じゃない、と彼は言ったのだ。それが出来ないのが人間なのだ、それが出来ないから人間なのだ、と彼は言ったのだ。

これが「倫理」の底にある何か、なのだと私は思う。べきだ、とか、ねばならない、などといったカント的な命令の形式ではどうしても到達出来ない、どうしようもない、ひとからは弱さと呼ばれるかもしれぬ、だが絶対に手放してはならない、人間が人間であることの定義のひとつである何か。文字を使えば、それは悲哀とか悲嘆とかなのかもしれない。だがそんなことはどうでもいい。大切な何かを永遠に失ってしまい、そこに哀しみがやってきて、ずっとそこに居て、剝がすことが出来ない、どうしても遠くに行ってくれない、それが人間なのだ。それを捨ててはいけない。人間に心があるとは、そういうことなのだから。

深田晃司は、ヒューマニズムを相手取って映画を撮り続けている。それは「人間性」をめぐる「実験」である。何か不可逆的な悲劇が襲い、それでどうなるのか。彼は問いに答えが出そうになると、それを答えにせず、実験を続けてゆく。だから多くの場合、彼の映画の物語は先の展開が読めず、急激に折れ曲りながら意想外の結末へと向かう。しかしそれはいわゆるストーリーテリングではない。彼はただ、ずっと考えているだけなのだ。一本の映画の中でも、この稀有な映画作家は、ただひたすら考えている。

だから『LOVE LIFE』のラストも、おそらく結末ではない。そこで終わりではない。映画には物理的な長さがあるから、そうなってるだけのことだ。実験は、まだ終わってはいないのだ。

初出＝『文學界』2022年10月号、文藝春秋、二〇二二年

エピローグ

JLGRIP

1．映画は映画ではない

映画が誕生したのは——その起点をどこに置くのかは諸説あるとはいえ——リュミエール兄弟がシネマトグラフの最初の上映会を行った一八九五年一二月二八日とされることが多い。ジャン＝リュック・ゴダールが、その監督第一作に当たる短編「コンクリート作戦」を撮ったのは一九五四年なので、その時点で映画の歴史は六十年ほどが経過していた。ゴダールの最新作『イメージの本』の発表は二〇一八年だが、彼は今も生きているので、おおよそ映画の歴史の半分以上、現役であり続けていることになる。

ちなみにゴダールとクリント・イーストウッド、フレデリック・ワイズマンは同い年（一九三〇年生まれ）だが、ほかのふたりのデビューはもっと遅い。ということは——探せばもっと長命のひともいたかもしれないが——ゴダールはゴダールであるというだけでなく、その映画作家としての人生が、映画それ自体の年齢にもっとも近接している存命の人物ということになるのである。おそらくゴダール本人も、自分がこれほど長生きするとは、そして映画がこれほど長生きするとは、思ってもみなかったのではあるまいか。そう、ゴダールも、映画も、いささか長く生き過ぎてしまったのかもしれない。

とはいえゴダールは二〇二二年八月現在九十一才である。百五才で遺作となった『レステルの老人』（二〇一四）を撮り上げたマノエル・デ・オリヴェイラの年齢までは十年以上あるものの、そして『イメージの本』に続く新作の計画が二本も進行中と伝えられてはいるものの、当然ながら油断は出来ない。さすがに縁起でもないと非難されはしないと思うが、いずれにせよ遠からぬうちにゴダールはこの世界を去ることになるだろう。そしてそのあとも映画は在り続けるだろう。だが、ふと、待てよ、と思う。今私たちが映画と呼んでいるものは、ほんとうに百二十年以上前に誕生したあの映画と同じなのだろうか？

ゴダールはそもそも「映画（史）の終焉」にきわめて敏感であり続けてきた映画作家である。そもそも彼の出発点であったヌーヴェルヴァーグという運動体は、「新しい波」というネーミングにもかかわらず、本人たちの意識には「われわれは（映画史に）遅れてきてしまった」という焦燥や諦念のようなものが初めから含まれていた。撮られるべき映画はすでに全て撮られてしまった、映画史はすでにして完了しつつある、そのような終末論を自らの創作の意志に変換するようにして、ヌーヴェルヴァーグの若者たちはひとりまたひとりとシネフィルからシネアストになっていったのだった。ゴダールもそのひとり、その中でもとりわけ過激なひとりであった。その仲間たちもほぼ全員が逝ってしまった。ゴダールは今、かつてないほどに孤独である（彼はそれを「孤独」とは感じていないだろうが）。

しかしかつての盟友たちがときを経るとともに「映画の終末論」的な問題意識を表面的には軽減させていったように見えたのに対して（ゴダール以外にそのような意識を保ち続けたのはジャン＝マリー・ストローブくらいだろう）、そしてそれは自分の映画を撮り続けるという意味ではむしろ望ましいことであったろうが、ゴダールはひたすらに「映画の終わり」に向き合い続けた。というよりもそれをエンジンとして映画を撮り続けてきた。彼の映画は常に映画史の、映画の終焉に立ち会おうとする強い意志（欲望？）に裏付けられている。終わりつつある映画の、いや、ひょっとするとすでに終わってしまった映画の立会人のようにして、ゴダールの全ての映画は映画史の中に存在しているのだ。

映画とは、過去の現実（フィクションだって現実である）の時空間の映像＝断片の編成体である。この意味で、映画史は世界史の特殊な部分集合体である。ゴダールはこの点についても非常に意識的な映画作家であり、それは『ゴダールの映画史』や主に九十年代以降の中短編、そして『イメージの本』を見ればすぐにわかる。映画にはそこで語られる「物語《イストワール》」とは別に常に必ず「歴史《イストワール》」が刻印されており、そしてそれ自体も歴史の一部であるということ。このことを考えてみると、ゴダールは果たしてほんとうにシネフィリー（映画狂的）な映画作家なのだろうか、という疑問が生じてくる。

確かに彼は若かりし頃、重度のシネフィルであり、それが嵩じて自分も映画を撮るようになった。だがしかし、ゴダールの過去の映画（史）へのリスペクトはいささか奇妙ではないか、そもそもそんなに敬愛している映画たちをあのように切り刻んで好き放題にいじることが出来るものだろうか？『ゴダールの映画史』はゴダールが選んだ映画の数々の抜粋のみならず、そのフィルムを映写機にかける彼自身や、俳優が出演する新たに撮影されたパートも混在していたし、『イメージの本』になると更に過激になり、いわゆる「映画」と「映像」の区別は限りなく曖昧なものになっている。それはあたかも過去の現実の断片という条件においてはあらゆるイメージが等し並にされてしまうかのようなのだ。

つまり何が言いたいのかというと、私たちはそろそろ、ジャン＝リュック・ゴダールという存在を「映画／史」という閉域の内でのみ捉えることをやめたほうがいいのではないか、ということなのだ。とはいえ、ゴダールの映画が映画のみならず文学や哲学や絵画や音楽などなどの引用や参照や言及に満ちており、がゆえに彼をもっと横断的でトータルな「芸術家」として評価すべきだ、と言いたいわけではない（し、それはすでに成されてもいる）。そうではなく、ゴダール自身が自分の創造行為にとって決定的で絶対的であると考えていただろう「映画／史」のほうが、しかとした終わりを迎えることのないまま、かつての姿とは似ても似つかないものに変質しているということ、そこでは映画が映画であるというトートロジーは実のところとっくの昔に失効しており、映画は映画史の一部を成す以上に世界史というか現在形の歴史の一部であり、そしてまた映画のイメージはもっと広範かつ曖昧な映像＝イメージの大海の内に溶け込んでいるのだということ、いや、それはそもそも最初からそうだったのだが、私たちはついにその端的な事実に対峙せざるを得なくなったのだと言いたいのである。

敢えて乱暴に言ってしまうなら、映画は誕生しておよそ半世紀で成熟の年齢に達し、それ以後はずっと老いてきた。ゴダールの映画は、映画の老化すなわち死＝終焉へのプロセスに随伴しつつ、それぞれの時点での映画の終焉性——終わりへと向かいつつあるさま——そのものを真の主題としてきたのである。『勝手にしやがれ』（一九六〇）も、『気狂いピエロ』（一九六五）も、『ウイークエンド』（一九六七）も、『ワン・プラス・ワン』（一九六八）も、『東風』（一九六九）も、『万事快調』（一九七二）も、『ヒア＆ゼア　こことよそ』（一九七六）も、『勝手に逃げろ／人生』も、『ゴダールのマリア』（一九八四）も、『ヌーヴェルヴァーグ』（一九九〇）も、『新ドイツ零年』（一九九一）も、『ＪＬＧ／自画像』（一九九五）も、『ゴダールの映画史』も、『アワーミュージック』（二〇〇四）も、『さらば、愛の言葉よ』も、『イメージの本』も、ゴダールの映画全てが、現在進行形の映画／史の終焉のリポートなのだ。

そしてそのあいだに映画は、終わりに向かっていくとともに変わっていったのか、終わらないでいるために変わることを必要としたのかはともかくとして、ほぼ不可逆的なと言っていい変貌を遂げてきたのであり、誰もがほんとうは気づいているが、ほとんど誰もがそう言おうとはしないものの、惑る意味で、幾つもの意味で、映画はもうすでに映画ではないのである。そしてゴダールは、自分が率先して語り、その作品の内部でも殊更に表明してきた映画愛が、一種のノスタルジーでしかないということに――ひょっとしたら初めから？――気づいていたのであって、それでも彼は映画を撮り続けることを選び、その長い長い、まだ終わっていない生の時間において、つまるところ映画を撮り続けることしかしてこなかったのである。

ゴダールが最大の、最重要な問題としてきた「映画」は、彼が愛したようなものとしては、おそらくもう存在していない。ゴダール自身の映画も、もはやとっくの昔に、そのようなものではない。表面的には、映画はゴダールよりも長生きするだろう。だがそれとは別に、すでにゴダールは何度も映画の葬送に立ち会ってきたのであり、にもかかわらずなぜか灰になってしまわなかった「かつて映画と呼ばれたもの」をそれでも映画と呼び続けることで、彼は自分の映画を撮ってきたのだ。さして遠くない将来、そのような存在を喪ってしまったとき、映画は果たしてどうするつもりなのだろうか？

2. 服喪と例外

……右の文章を書いてからさほど経たないうちに、ジャン＝リュック・ゴダールは亡くなった。二〇二二年九月一三日、享年九十一。公表されている長編映画としては『イメージの本』が最後の作品、遺作になってしまった（やや曖昧な書き方をしておくのは、今後、密かに制作されていた映画が発表されないとも限らないからだ）。

私は訃報をSNSで知ったのだが、来るべきものが遂に、だが来るべきものが遂に来たときの倣いとしてあまりにもとつぜんにやってきた、という不意打ちをくらったような思いはあったものの、驚きやショックはさほど感じなかった（と思う）。だがしばらくして、ああ、ほんとうにゴダールが逝ってしまった、という苦い感慨に静かに襲われた。もうこれからは、ゴダールの新しい映画は観れないのだ。もう「映画」にゴダールはいないのだ。ずいぶん前から覚悟はしていたつもりだったが、いざそうなってみると、これは何ということか、ほんとうに、いったいこれからどうするつもりなのか？

『イメージの本』が遺作になってしまった、と書いた。だが惑る意味で、ゴダールはそれ以前から「遺作」ばかり撮ってきたのではなかったか。二十一世紀に入ってから彼が発表した長編は四本、『アワーミュージック』、『ゴダール・ソシアリスム』（二〇一〇年）、『さらば、愛の言葉よ』、そして『イメージの本』（『愛の世紀』の公開は二〇〇一年だが一九九九年に撮影されていた）。これらはいずれも、それぞれの意味で「最後の映画」だったと思う。少なくともゴダール本人は毎回、これが遺作になる可能性を意識しつつ撮っていたはずだ。それは後期高齢者の映画監督なら当然のことだろう。同い年のクリント・イーストウッドは二十一世紀以降、十七本も監督しており、やはり同い年のフレデリック・ワイズマンも十数本撮っている。それらと較べたら、ハリウッドとアメリカのドキュメンタリーとヨーロッパという違いを考慮しても四本というのはいかにも少なく思えるが、しかしゴダールの映画は一本で数作分とも言えるのだし、日本では観られない中短編も数々存在しているのだから、ゴダールの「遺作」はたくさんあったことになるのかもしれない。映画史上、彼ほど多くの「最後の映画」を撮った作家はほかにいないだろう。

いや、むしろもっと前から、ゴダールは何度となく「遺作」を撮ってきた。たとえば『JLG／自画像』。一時間に満たない上映時間。ゴダールはスイス、レマン湖畔の自宅とその周囲で——これはお馴染みの風景だが——自分自身を映画にする。セルフ・ポートレイト。ほの暗い部屋のテーブルの上に、おそらくはゴダール自身の少年時代の写真が置かれている。そこに、次のようなナレーションが流れる。

普通はこうだ
死が訪れ
人は喪に服す
だがなぜか私は逆だった
私はまず喪に服した
だが死は訪れなかった
パリにもジュネーヴ湖畔にも
私は流刑にはならなかったが障害にはすぐ出会った
つまり人生に

（中略）
私は私の喪に服していた
私の唯一の友の喪に
声はもちろん、ゴダール自身のものだ。「私はまず喪に服した」、「だが死は訪れなかった」。これは彼の人生のことであると同時に、彼と「映画」とのことでもあるに違いない。いやむしろ後者が先で、前者がその結果だったと言うべきかもしれない。彼は「映画」の喪に服すことで映画を撮り始め、何十年ものあいだ撮り続けて、それはそのまま彼自身の喪に服すことでもあった。孤立と孤独。彼は自分と映画の喪に服すことで生きてきたのだった。

この孤独と孤立、そして「喪」の主題は、この映画の少し先で、より一般化された形式で言い換えられる。それは「例外」という語によってなされる。部屋に入ってきたゴダールは、小さな灯りのみの机の上に置かれた紙片に何ごとか書きつけ始める。われわれにわかるように声に出して。「始めよう」彼は言う。

〝規則がある　例外がある〟
〝規則は文化〟違う
〝規則である文化というものがある〟

〝規則の一部の文化〟
〝例外である芸術というものがある〟

そして彼は「規則」に属するものを挙げる。タバコ、コンピュータ、Tシャツ、テレビ、観光、戦争。「誰も例外を語らない」、「誰もが規則を語り例外を語らない」「語らない　語られない」。

そして彼は「例外」に属するものを挙げる。文学ならフローベール、プーシキン、ドストエフスキー。音楽ならガーシュイン、モーツァルト。絵画ならセザンヌ、フェルメール。映画ならアントニオーニ、ヴィゴ。

そして彼は言う。「例外の死を望むのが規則なのだ」。

そのあと、ゴダールは「ヨーロッパの文化」への批判を述べる（「ヨーロッパの文化の規則とは私たちの足元でまだ咲いている生の芸術を死なせることだ」）のだが、それはさして重要ではない。むしろここでヨーロッパ文化に拘泥してしまうことこそが、ゴダールの或る種の限界（！）を示しているとも言っていいかもしれない。彼はよくも悪くも「ヨーロッパの知識人／文化人」という自己認識の範疇を出ることはなかった。彼の映画がそれを超え出ていることはあったにせよ。

ともあれ、ここで重要なのは、もちろん「例外」だ。ゴダールは人類の芸術文化において一種の「例外」である「映画」における紛れもない「例外」だった。彼自身、そう思っていただろうし、客観的に見てもそうだ。ゴダールほど「例外」と呼ぶにふさわしい存在は「映画」にはほかに存在しない。例外とは、集団に属しながら属していない、矛盾そのもの、逆説としての存在である。例外的な芸術家というものが存在する。ゴダールが挙げてみせたのはいずれもそれぞれの領域で正当に位置付けられている者たちだが、ゴダールそのひとのような例外性を帯びた者は別にいる。文学ならベケット、音楽ならケージ、美術ならデュシャン。彼らこそ正真正銘の例外、内部に外部を開いた者たちである。

ゴダールは例外的存在であり、例外的な映画を撮り続けた。彼は例外しか生産しなかったとさえ言ってもいい。その例外性は、追って「規則」へと回収されるようなものではなかった。その時々の「映画」における一通りではない例外性を映しているとともに、その後も強靭なる持続性、いや永続性のなかで例外であり続けた。それがゴダールにとって幸福なことだったのかどうかはわからない。むしろそのような強度の例外性は彼を苦しめたのではなかったか。たとえ本人はそれを苦悩とも労苦とも思っていなかったとしても、それはやはり喜ばしいことではなかったのではないだろうか。おそらく彼はもっと気軽に映画を撮りたかったのに違いない。だが例外者であるという運命と矜持がそれを許さなかった。彼は一本一本の映画を「映画」への現在進行形の服喪として、自らの、そして「映画」自身の「遺作」として撮るしかなかった。レクイエムとして、あるいは『JLG／自画像』の中で流れる曲名でもある「アフター・ザ・レクイエム」(ギャヴィン・ブライアーズ)として。

顧みてみれば数冊しかない映画批評の自著の二冊の書名にゴダールの名を冠してしまった者として、それればかりか何冊もの著書の中でゴダールについて思考し、繰り返し何ごとかを書いてきた者として、ゴダールの死について何を言うべきなのか、何が言えるのか、私には今もよくわからない。自分に言えることはもうほとんど残っていないような気もするし、まだ何も言えていないような気もする。モンタージュ、ソニマージュ、インプロヴィゼーション、有限性、言語、イメージ、観ること、聴くこと、書くこと、読むこと、歴史、出来事、シネマ、世界、人間、悪、悲劇、喜劇、物語、ゴダールの映画はどれを取っても非常に複雑だが、しかしその複雑さは惑る意味で単調とも言えるような執拗さで反復されており、映画作家として、いやひとりの人間としての生涯を通して、ほとんど同じ（ような）ことに拘泥し続けたとも言える。それが何なのかを一言で述べるのは容易ではないが、疑問形でならば記すことが出来る。映画とは何か？である。「映画」とは果たして何であり、何であり得る／あり得たのか。この問いこそ、ゴダールがひたすら掲げ続けたものだった。映画は、ひょっとしたら「映画」になり損ねたのかもしれない。これを単なる修辞的な設問ではなく、徹底的に真に受けてみること。そして、せめて自分くらいは、そうなるはずだった、そうなるべきであった「映画」としての映画をこしらえようとすること。ゴダール映画の例外性も、このことから説明されるだろう。ことによると彼は、自分だけが真の意味で映画を撮っているのだと思っていたのかもしれない。

『ＪＬＧ／自画像』のとき、ゴダールはまだ六十四歳だった。「私はまず喪に服した」、「だが死は訪れなかった」。こう言ってから、彼は四半世紀も生きなくてはならなかった。訃報のあと、ゴダールがスイスでは合法の医師が処方した薬による自殺幇助《ほうじょ》によって亡くなったことを知った。私はむしろ納得した。いかにもゴダールらしいとさえ思った。彼は生の最期まで、自分のことは自分で決めようとしたのだと。カットの一言は自分自身で言おうとしたのだと。モンタージュとは偶然性と意志の乗算なのだから、たとえ「繋ぎ間違い」であれ、それは後戻り出来ない選択の結果なのだ。

ゴダールのいない世界になっても、映画はこれまでとは特に変わらないだろう。例外が存在しなくなったからといって、規則の側が困ることはない。ゴダールに代わるような例外的存在を現在の「映画」に見つけることも、少なくとも私には出来そうにない。だからこう言ってしまってよかろう。もう「映画」には「例外」はない。相対的な例外性を身に纏う者なら幾らかはいるだろう。だがゴダールのような例外中の例外、絶対的な例外者は、もう「映画」から去ってしまった。そもそもゴダールのような例外者の出現こそが、まさに例外的な出来事であったのだが、彼がいなくなってしまった今後は、映画は規則の範疇で変化を、あるいは進化を遂げてゆくだけだろう。そしてそれ自体は、別に悪いことではない。

だが、例外を愛する者にとっては、厳しい時代の始まりだ。私にやれることは、ゴダールが遺した映画を何度となく観返すことによって、そこにまだ気づいていなかった新たなる例外性を、その萌芽を発見し、世界に未だ潜在する間隙を、世界を編み上げる文脈の行間を、世界に装填されている無数の可能性をどうにかして掬い出して、自分のなけなしの感覚と思考を通して、それをわずかずつであれ育ててゆくことくらいだ。むろん私に出来ることなど、たかが知れている。それでも私は、それをやるしかない。そしてそれは最終的には、映画とは関係がなくなることもあるかもしれない。ゴダールは「映画」にとってただひとりの例外者だったが、彼の例外性は、そこに留まるものではないからだ。

3. 引用の引用

わたしは遊ぶ
君は遊ぶ
わたしたちは遊ぶ
映画で遊ぶ
遊びに規則があると
君は思っている
なぜなら　君は　これは遊びで
大人のためだけのものだというのを
まだ知らずにいる

子供だからだ
君はもう大人のひとりだ
なぜなら君は　これは子供たちの
遊びだということを忘れてしまっているからだ
この遊びとはなんだろう
いくつか定義がある
ここに二つ、三つその例を示そう
他人の鏡のなかに
自分の姿を映してみること
世界と自分自身とを
素早くそしてゆっくりと
忘れそして知ること
思考しそして語ること
奇妙な遊びだ
これが人生なのだ
（「みんなで映画のつくり方を学ぶために友だちに書き送る手紙」、『ゴダール全集4』所収、蓮實重彦・保苅瑞穂訳、竹内書店、一九七〇年、四三二-四三三頁）

映画に刻印を残したものはよそへはいけない。

(『ゴダールの映画史』)

＊

＊

——それで、これは帰還なのでしょうか？

ゴダール　いや、ぼくは一度も出発しなかった。

(「自分が今いるところでつくることが可能な映画をつくる」、『ゴダール全評論・全発言Ⅱ』所収、奥村昭夫訳、筑摩書房、一九九八年、一七八頁)

＊全て、佐々木敦「ジャン＝リュック・ゴダール、3、2、1、」の引用より引用(『ゴダール原論』所収、新潮社、二〇一六年、二六-二七頁)

初出＝『Stranger MAGAZINE 001』、Stranger、二〇二二年＋書き下ろし

あとがき

『この映画を視ているのは誰か?』(作品社、二〇一九)のあとがきで、私はこう記した。「おそらく私は、今後このような本を編むことはないだろう。つまり、これは私の最後の映画論集になる(かもしれない)」。そのときはもちろん本気でそう思っていたのだが、わずか三年後に、こうして新たな映画論集をお届けすることになるとは、私自身かなり驚いている。

しかしこれはひとえに、私のささやかな批評的欲望を起動する何本もの映画と出会えたからである。私が何かを書きたくなる、何ごとかを論じたくなる映画が、前著をまとめて以後も次々と撮られたからこそ、私は機会を捉えては長短さまざまなテクストを執筆し、気づけば一冊の書物となるだけの分量になっていた。本にするために書いてきたわけではないが、これは僥倖《ぎょうこう》と呼んでいいことだろう。

他の分野についても同じだが、私は基本的に向こうからやってきたものを打ち返すタイプの批評の書き手なので、その気にさせてもらえなければ何もしない。だから少なくとも私にとっては、この数年間の「映画」は、なかなか刺激的であったということになるだろう。前著で取り上げた映画作家のその後の作品を論じた文章もある。あわせてお読みいただければ幸いである。

書名の意味については冒頭で述べたのでここでは繰り返さない。そこに書き記した「映画」をめぐる現状認識は、必ずしもポジティヴなことだけではないし、何よりもジャン＝リュック・ゴダールが逝ってしまったのだから、これからにかんしてはいささか身構えてしまうところもある。だから今度こそ「おそらく私は、今後このような本を編むことはないだろう。つまり、これは私の最後の映画論集になる（かもしれない）」。これがまた嘘になってしまうことを祈るばかりである。

本書の編集は、フィルムアート社の伊東弘剛さんが担当された。実は伊東さんとは以前から別の企画を走らせていたのだが、諸事情により中断してしまっており、代わりにと言うのも何だが本書を編集していただいた。伊東さんと自分は映画の趣味というより「映画」に向き合う態度に共通するものがあると勝手に思っている。丁寧な仕事ぶりには大いに助けられた。お疲れ様でした。装幀は拙著を何冊も手がけてくれている戸塚泰雄（ｎｕ）さんである。今回もお世話になりました。フィルムアート社からの単行本としては『ゴダール・レッスン――あるいは最後から２番目の映画』（一九九四）、『アートートロジー

——『芸術』の同語反復』（二〇一九）に続く三冊目である。ありがとうございます。

前著以降の大きな変化といえば、もちろん新型コロナウイルスの来襲である。配信で映画を観ることがますます増え、オンライン試写が常態化した。本書で論じられている作品の中にも、公開が延期されたり、スクリーンで試写を観られなかったものがある。これを書いている現在、いまだコロナ禍に完全な終わりは見えておらず、それどころかまさに「新しい日常」になってしまったかに思える。

本書には直接出てこないが、人物がごく自然にマスクをしてて手洗いをする杉田協士監督『春原さんのうた』（二〇二一）や、コロナ禍と映画撮影を絡めたミゲル・ゴメス＆モーレン・ファゼンデイロ監督『ツガチハ日記』（同）など、歴然とした「コロナ以後」の映画も増えてきた。もちろん内外問わずメジャー作品の多くは、いまだにコロナなど存在しないかのように振る舞い続けているのだが、全人類が等しく体験させられた、この前代未聞の災厄は、今後もさまざまなかたちで「映画」に影響を与えていくことになるに違いない。

そして本文でも繰り返し書いたように、それればかりではなく、映画は、シネマは、これからますます変わっていくことだろう。その変化が、思いも寄らなかった可能性を切り拓いたり、まったく新しい傑作の誕生に結びついたりすることを願っている。

二〇二二年は、まず第一にゴダールが死んだ年として映画史に刻まれることになるだろう。だが今年は青山真治が亡くなった年でもある。青山君と私は同じ年に五日違いで生まれた。常に一定の距離感はあり、特に近年は疎遠と言ってもよかったが、二十歳そこそこの頃からの友人（と敢えて書く）だった。私はすでに彼の一歳年上になってしまった。本文には彼の名前は一度も出てこないと思うが、生き残っている者の無意味で勝手な振る舞いであることは承知の上で、本書を青山真治に捧げたい。

佐々木敦

二〇二二年一一月六日

佐々木敦（ささき・あつし）
一九六四年生まれ。思考家。音楽レーベルＨＥＡＤＺ主宰。文学ムック『ことばと』（書肆侃侃房）編集長。映画美学校言語表現コース「ことばの学校」主任講師。さまざまな分野で批評活動をおこなっている。映画に関する書籍に『ゴダール・レッスン』（フィルムアート社）、『ゴダール原論』（新潮社）、『この映画を視ているのは誰か？』（作品社）、『反＝恋愛映画論』（児玉美月との共著／Ｐヴァイン）などがある。ほか著書に『ニッポンの思想』（講談社）、『批評時空間』（新潮社）、『アートートロジー』（フィルムアート社）、『半睡』（書肆侃侃房）、『増補・決定版 ニッポンの音楽』（扶桑社）などがある。

映画よさようなら

2022年12月25日　初版発行

著者　佐々木敦

デザイン　戸塚泰雄（nu）
DTP　白木隆士
編集　伊東弘剛（フィルムアート社）

発行者　上原哲郎
発行所　株式会社 フィルムアート社
〒150-0022
東京都渋谷区恵比寿南1-20-6　第21荒井ビル
tel　03-5725-2001
fax 03-5725-2626
http://www.filmart.co.jp/

印刷・製本　シナノ印刷株式会社

Printed in Japan
ISBN978-4-8459-2143-0 C0074